Věra Amorová

Čítanka

Aufbau-
Materialien
Tschechisch

Max Hueber Verlag

Quellenverzeichnis

Der Verlag dankt den folgenden Personen und Institutionen – soweit sie erreicht werden konnten – für die freundliche Genehmigung zum Abdruck von Copyright-Material. Für weitere Hinweise sind wir dankbar.

Amorová, Věra (Stuttgart): Fotos Seite 14, 46
Blesk (Prag): Texte Seite 26, 31, 41, 44
Kincl, Milan (Prag): Foto Seite 25
Krčál, Jaroslav (Prag): Foto Seite 26
Meister, K. (Prag): Foto Seite 31
Navrátilová, Gábina (Prag): Foto Seite 41
Reflex (Prag): Texte Seite 36, 42, 43
Svobodné slovo (Prag): Text Seite 40
Titanic (Prag): Foto Seite 21

| 3. | 2. | 1. | | Die letzten Ziffern |
| 2000 | 99 | 98 | 97 | 96 | bezeichnen Zahl und Jahr des Druckes. |

Alle Drucke dieser Auflage können, da unverändert, nebeneinander benutzt werden.
1. Auflage
© 1996 Max Hueber Verlag, D-85737 Ismaning
Redaktion: Lektorat Projekte, Gaby Bauer-Negenborn, München
Beraterin: Dr. Ivana Clausnitzer, Wetzlar
Herstellung/Layout/Umschlag: Alois Sigl, München
Druck: Ludwig Auer, Donauwörth
ISBN 3–19–005189–5

Vorwort

Čítanka ist ein Lese- und Übungsheft, das sich an fortgeschrittene Tschechischlernende wendet. Wenn Sie bereits einige Semester Tschechisch gelernt haben, können Sie Ihre Sprachkenntnisse mit **Čítanka** erweitern und vertiefen. Sie sollten mit den Grundzügen der tschechischen Grammatik vertraut sein und über einen Wortschatz von ca. 1500 Vokabeln verfügen. Wenn Sie ein Anfängerlehrwerk wie z. B. **Vítáme vás!** (Hueber-Nr. 5157) durchgearbeitet haben, können Sie problemlos mit **Čítanka** weiterlernen. Da das Leseheft an kein spezielles Lehrwerk gebunden ist, können Sie es nach jedem beliebigen Grundstufenlehrwerk verwenden.

Čítanka enthält 14 Lesetexte unterschiedlicher Textsorten, darunter historische Erzählungen, Berichte, persönliche Briefe, Interviews. Außerdem finden Sie Originaltexte aus tschechischen Zeitungen und Zeitschriften. Ziel des Leseheftes ist die Heranführung an das verstehende Lesen. Sie werden lernen, einem unbekannten Text die wesentlichen Informationen zu entnehmen, ohne jedes einzelne Wort zu verstehen.

Lesen Sie einen Text mehrmals vollständig durch. Wenn Sie unsicher sind, ob Sie den Gesamtzusammenhang eines Abschnitts richtig verstanden haben, schlagen Sie unbekannte Wörter, die mehrfach vorkommen, im Wörterbuch nach. Sie werden rasch feststellen, daß Sie nicht jedes Wort kennen müssen, um die wesentlichen inhaltlichen Aussagen eines Textes zu verstehen.

Čítanka enthält zu den Lesetexten einen begleitenden Übungsapparat, der zum einen das inhaltliche Textverständnis überprüft, zum anderen ausgewählte Themen der Grundgrammatik wiederholt und Anregungen zu weiterführenden Gesprächen bietet. Die Übungsmaterialien festigen sowohl den mündlichen als auch den schriftlichen Ausdruck. Neben den verschiedensten Sprechanlässen, die zu Diskussionen anregen, werden Sie aufgefordert, Briefe oder kurze Berichte nach inhaltlichen Vorgaben zu schreiben.

Sie können die Übungen entweder im Unterricht in Form von Partner- oder Gruppenarbeit oder allein zu Hause bearbeiten. Die Lösungen zu den grammatischen Übungen sind im Schlüssel am Ende des Heftes (Seite 47–48) abgedruckt. Wenn Ihnen bestimmte grammatische Themen Probleme bereiten, finden Sie im Anhang des Lehrwerks **Vítáme vás!** eine Grammatikübersicht, die Ihnen weiterhelfen wird. Sie können selbstverständlich auch eine allgemeine Grammatik der tschechischen Sprache zu Rate ziehen.

Wir wünschen Ihnen viel Spaß bei der Lektüre und viel Erfolg beim Weiterlernen.

Autorin und Verlag

Inhalt

1 *Vlak do Vídně*

Jana a Anička jedou do Vídně. Na začátku se jim cesta vlakem líbila, ale brzo přečetly všechny noviny, které si koupily v kiosku na nádraží v Praze a snědly všechny sušenky, které měly sebou. Jana dostala hlad. Rozhodly se, že půjdou na oběd do jídelního vozu. V jídelním voze bylo plno, ale nakonec našly dvě volná místa u stolu, kde seděl jen jeden cestující.

5 Jana:	Promiňte prosím, je zde volno?
Muž:	Ano, sedněte si. Dostaly jste také hlad, že?
Anička:	Ano, nejdříve jsme si četly, pak jsme snědly všechny sušenky a teď jsme dostaly hlad. Víte, co mají dobrého?
Muž:	Mohu vám doporučit bramborovou polévku a výborný guláš s knedlíkem.
10 Jana:	To je nápad, už jsem guláš dlouho neměla. A co ty, dáš si také guláš?
Anička:	Ne, guláš jsem měla včera. Vidím, že tady mají pečené kuře. To už jsem dlouho neměla.
Muž:	Přeji vám dobrou chuť.
Anička:	Děkujeme, vám také. Při jídle nám ta dlouhá cesta rychleji uteče.
Muž:	Říkáte, že cesta do Vídně je dlouhá. Představte si, jak dlouho trvala cesta z Prahy do Vídně v
15	roce 1845.
Anička:	Proč zrovna v roce 1845? Kdy vlastně začaly jezdit vlaky? Už v roce 1845?
Jana:	To nevím, ale vím, že první železnice v Čechách byla koňská dráha.
Muž:	Máte pravdu. Koňská dráha vedla z Lince do Českých Budějovic. První parní lokomotiva k nám přijela z Vídně v roce 1839.
20 Jana:	A ta přijela do Prahy?
Muž:	Ne, první spojení bylo do Brna. Do Prahy přijel první vlak z Vídně až v roce 1845.
Anička:	Co vy všechno nevíte. Pracujete u dráhy nebo jste učitel?
Muž:	Ne, jsem kuchař. Mám rád vlaky a také rád jezdím vlakem.
Jana:	Máte doma elektrický vláček?
25 Muž:	Ne, nemám. Sbírám modely starých českých lokomotiv. Je to můj koníček.
Jana:	Kolik modelů již máte a který z nich je nejstarší?
Muž:	Mám doma asi 100 modelů. Nejstarší model je model první české lokomotivy vyrobené ve strojírnách v Praze. Jmenovala se „Nazdar", ale každý jí říkal „Kafemlejnek".
Anička:	Vy umíte tak zajímavě vypravovat. Podívejte, už jsme na hranici. To to ale uteklo. Musíme se
30	vrátit do kupé.
Jana:	Na shledanou.
Anička:	Na shledanou.
Muž:	Na shledanou a šťastnou cestu. Já tady vystupuji.

1 Otázky

1. Kam jede Anička s Janou?
2. Proč šly do jídelního vozu?
3. O čem si vyprávěly v jídelním voze?
4. Co víte o muži z vlaku?
5. Co víte o železnici v Čechách?

2 Dejte do správných pádů (Fall/Kasus).

1. Nejsem z _Brna_ (Brno), ale z _Prahy_ (Praha).
2. Seděla jsem celou cestu v _jídelním voze_ (jídelní vůz).
3. Mluvila jsem s _mužem_ (muž) o _železnici_ (železnice).
4. Před _měsícem_ (měsíc) jsem jela k _přítelkyní_ (přítelkyně) do _Vídně_ (Vídeň).
5. Nevíte něco o _první lokomotivě_ (první lokomotiva)?
6. Ve _vlakem_ (vlak) do _Brna_ (Brno) bylo hodně lidí.
7. Ráda jezdím _vlakem_ (vlak) a dívám se z _okna_ (okno).
8. Moje přítelkyně Věra mě čekala před _____ (nádraží) se svým _synem_ (syn).
9. Věra nebydlí ve _městě_ (město), ale na _venkově_ (venkov).
10. Zůstanu u _Věry_ (Věra) dva týdny.

3 Dejte do minulého času (Vergangenheit/Präteritum).

1. Vidím, že na jídelním lístku mají kuře.
2. Jedete na nádraží nebo jdete pěšky?
3. Vlak jede velmi pomalu.
4. Rád cestuje vlakem.
5. Sedíme celou cestu v jídelním voze.
6. Mám doma velkou sbírku modelů.
7. Jsme na hranicích, musíme vystoupit.
8. Na nádraží na mě čeká moje přítelkyně.

4 Napište

1. Was essen Sie gern? Was mögen Sie überhaupt nicht?
2. Haben Sie eine Schwäche für etwas Bestimmtes (Schokolade, Schlagsahne, Bier, Cognac, ...)? Tun Sie etwas dagegen? Wenn ja, was?
3. Welche Gerichte der tschechischen Küche mögen Sie besonders gern?
4. Kochen Sie zu Hause tschechische Gerichte? Wenn ja, welche?

5 Na nádraží

Sie sind am Bahnhof und erkundigen sich nach einer Zugverbindung in Ihre Heimatstadt.
Stellen Sie dem/der Bahnbeamten/-in die folgenden Fragen:

1. Wann fährt der nächste Zug?
2. Gibt es noch eine spätere Verbindung?
3. Wieviel kostet die Fahrkarte? Gibt es eine Fahrpreisermäßigung?
4. Kann man noch Platzkarten reservieren?
5. Müssen Sie umsteigen? Wenn ja, wo? Wann haben Sie Anschluß?
6. Wann werden Sie an Ihrem Reiseziel ankommen?
7. Hat der Zug einen Speisewagen und/oder einen Schlafwagen?

6 Pojedeme autem nebo vlakem?

Nennen Sie sieben Gründe für und gegen eine Bahnfahrt.

7 Koníček

Welche Hobbys haben Sie? Berichten Sie darüber (mündlich und schriftlich!).

2 Brněnský drak

Byli draci v Čechách? Na staré radnici v Brně, hned vedle kola visí na řetězech velký drak. Jak se tam dostal?

V době, kdy ještě na světě žili draci, usadil se jeden velký drak v jeskyni na Stránské skále, blízko Brna. Nejdříve ho uviděly hospodyně z Lišně, když šly na trh do Brna. Viděly draka, jak ležel na vršku
5 Stránské skály a vyhříval se na sluníčku. Brzy se všichni začali draka bát. Na trhu se rozneslo, že drak chytá zajíce, kozy a jiná zvířata. Lidé dostali strach, že drak si troufne také na lidi.

Starosta města Brna se rozhodl, že se draka zbaví. Ale jak? Každý se ho bál. Starosta dal vyhlásit a vybubnovat, že ten kdo zabije draka, dostane tolik zlaťáků, co jen unese.

Čas běžel a běžel, utíkaly dny, týdny a měsíce, ale nikdo se nepřihlásil. Jednoho dne přišel na radnici
10 malý, hubený a chudý tovaryš, krejčí, který byl na vandru.

„Slyšel jsem, že hledáte někoho, kdo zabije draka, který žije na Stránské skále. Jaká je odměna?"

„Jakápak odměna, nejdříve musíš zabít draka a potom dostaneš tolik zlaťáků, co jen uneseš."

„To není těžké," povídá tovaryš, „ale potřebuji kůži z vola a pytel syrového vápna."

Nikdo mu nevěřil, ale starosta, který byl rád, že se někdo přihlásil, řekl: „Proč ne, doneste mu kůži a
15 vápno."

Tovaryš se vydal na cestu k jeskyni a hned se pustil do práce. Nejdříve vycpal kůži vápnem a potom kůži zašil. Vycpanou kůži položil před jeskyni. Potom vylezl na strom a čekal, co se stane.

Bylo poledne a drak dostal hlad. Vylezl před jeskyni a uviděl zabitého vola. S chutí se do něho pustil. Krejčík seděl na stromě, usmíval se a myslel si: „Jen si dej, jen si pochutnej."

20 Když se drak nažral, zařval a plazil se k řece Svitavě, protože dostal velkou žízeň. Pil a pil, jako kdyby celý měsíc nepil. Drak se začal nadýmat. Břicho měl velké jako balón. Vápno smíchané s vodou začalo v jeho břichu bublat a vřít. Drak řval bolestí– až praskl. Mrtvý drak ležel na břehu Svitavy a lidé se na něho chodili dívat. Po čase odvezli draka do Brna a pověsili ho vedle kola, na radnici. Všichni se radovali. Tovaryš dostal své zlaťáky a starosta udělal velkou hostinu. Pivo teklo potokem a stoly se
25 prohýbaly pod jídlem. Hostina trvala celý týden.

1 Otázky

1. Kdy a kde se objevil drak?
2. Co víte o drakovi?
3. Co udělal starosta?
4. Co víte o muži, který přišel zabít draka.
5. Na co potřeboval krejčík kůži a vápno?
6. Co se stalo s drakem?

2 Předložky (na, v, z, s, ...)

1. _____ Stránské skále se usadil drak.

2. Tovaryš přišel _____ radnici.

3. Tovaryš se vrátil _____ města _____ kůží a vápnem.

4. Kůži a vápno odnesl _____ skále.

5. Kůži naplnil a položil ji _____ jeskyni.

6. Potom vylezl _____ strom a čekal.

7. Drak se šel napít _____ řece.

8. Drak spadl _____ vody.

9. _____ břehu ležel mrtvý drak a každý se _____ něho chodil dívat.

3 Přídavná jména (Eigenschaftswörter/Adjektive)

1. Město Brno je (starý) _____ město.

2. Řeka Svitava je (moravský) _____ řeka.

3. Před skalou ležel (velký) _____ drak.

4. Drak se vyhříval na (teplý) _____ místečku.

5. Už jsi viděl toho (zlý) _____ draka?

6. Krejčík byl (chudý) _____ tovaryš.

7. Tovaryš vylezl na (vysoký) _____ strom.

8. Drak měl (obrovský) _____ břicho.

9. (Mrtvý) _____ draka pověsili na radnici.

10. Na (starý) _____ radnici udělali (velký) _____ hostinu.

4 Umět – znát – vědět

1. Tu povídku o drakovi _____ velmi dobře.

2. Já _____ , kde je řeka Svitava.

3. Krejčík _____ dobře šít.

4. Co _____ o Brně?

5. Hledají někoho, kdo _____ povídku o drakovi.

6. _____ namalovat draka?

7. _____ , kdy se to stalo?

5 Překlad

1. Včera jsme se vrátili z Brna. Moc se nám tam líbilo.
2. Bydleli jsme pět dní v hotelu Brno. Byl to velký moderní hotel. Měli tam výbornou restauraci a vinárnu.
3. Navštívili jsem Brněnské veletrhy a staré město. V průjezdě radnice jsme viděli draka.
4. Každý den jsme měli zajímavý program. Večer jsme navštívili operu, divadlo nebo jsme šli na koncert.
5. Často jsme chodili do malé vinárny blízko hotelu. Ve vinárně měli dobré moravské víno. Hráli tam muzikanti a tak se zpívalo až do rána. Naučili jsme se několik moravských písniček.
6. Na památku jsme si koupili knihu o Brně a několik gramofonových desek s Janáčkem a písničkami z Moravy.
7. Příští rok pojedeme opět do Brna. Máme tam mnoho přátel a musíme se ještě naučit hodně písniček.

6 Spojte vhodná následující slova a utvořte věty

1. vyplnit   dárek
2. složit   universita
3. navštívit   okno
4. vybrat   dopis
5. přeložit   potraviny
6. založit   přihláška
7. napsat   kniha
8. zavřít   opera
9. koupit   sestřenice

7 Hotel Vlčina

Sie wollen drei Tage in Brno verbringen. Schreiben Sie einen Brief an das Hotel Vlčina. Sie möchten ein Doppelzimmer mit Bad. Fragen Sie nach dem Preis für Übernachtung mit Halbpension. Da Sie mit dem Auto kommen, interessiert es Sie, ob das Hotel einen Parkplatz hat. Erkundigen Sie sich auch nach der Ausstattung des Hotels und den Hoteleinrichtungen. Bitten Sie abschließend um Informationsmaterial über Brno und Umgebung. Besonders interessieren Sie sich für Ausflugsmöglichkeiten, Konzerte und die Messe.

8 Co ještě nevíte

Brno je známé veletržní město. Každý rok vystavuje v Brně více než 1500 firem z více než 30 průmyslových zemí. Veletrhy mají v Čechách a na Moravě dlouhou tradici. V roce 1647 mělo Brno již 6 trhů. Výstaviště dnešního Brněnského veletrhu bylo postaveno v roce 1928. V roce 1959 se zde konala první strojírenská výstava.

– Víte, kde byl první veletrh na světě?

První veletrh na světě byl na konci srpna roku 1754 ve Veltrusech, ve středních Čechách. Ofizielní název tohoto veletrhu byl „Velký trh zboží českého království". Tento veletrh navštívilo nejen mnoho obchodníků z ciziny, ale i císařovna Marie Terezie. První průmyslová výstava v Evropě se konala v Praze roku 1791, při příležitosti korunovace Leopolda II. na českého krále.

– Koná se ve vašem městě veletrh? Jaké veletrhy znáte?

3 O bezhlavé jeptišce

Nikde jinde po celé Praze není tolik strašidel jako na Starém Městě.
O některých si teď přečtěte.

Na Starém Městě žil jednou velmi bohatý kupec. Měl velké panství a
zlaté doly. Jeho největším bohatstvím však byla jeho jediná dcera.

5 Chtěl, aby se dcera dobře provdala, a proto jí našel bohatého ženicha z
rodu Rožmberků. Dcera nechtěla o bohatém ženichovi ani slyšet, pro-
tože se zamilovala do chudého venkovského zemana. Když se to otec
dozvěděl, velmi se na dceru rozlobil a za trest jí poslal do domini-
kánského kláštera v Liliové ulici. Láska venkovského zemana byla

10 velká, a proto jednoho dne odjel do Prahy za svojí milou. Chodil okolo
kláštera tak dlouho, až se s dívkou o útěku domluvil.

Bohatý kupec se však o útěku dozvěděl. A tak jedné tmavé noci, noci útěku, čekal na rohu Liliové
ulice a své jediné dceři sťal mečem hlavu a dceru proklel. Od té doby můžete v tmavých nocích
potkávat na rohu Liliové ulice bezhlavou dívku, jak bloudí kolem bývalého kláštera.

1 Otázky s křížovkou

1. Do koho se zamilovala dívka? Do _____ zemana.

2. Jaké bohatství měl kupec? Zlaté doly a _____.

3. Jaké děti měl kupec?

4. Proč odjel zeman do Prahy? Protože jeho _____ byla velká.

5. Koho můžete potkat u kláštera? _____ dívku.

6. Čím byl otec dívky?

7. Co udělal rozlobený otec?

    _____ dívce hlavu.

8. Co plánovali milenci?

9. Kde čekal kupec na milence?

    Na _____ ulice.

10. Koho našel otec pro svou dceru?

    Bohatého _____ .

11. Kam poslal otec neposlušnou dívku?

    Do _____ .

12. Co děla bezhlavá dívka?

    _____ kolem

    kláštera.

2 Vyberte vhodné sloveso

1. Bezhlavá dívka _____ (obešla/předešla) radnici.

2. Otec _____ (přešel/přišel) ulici ke klášteru.

3. Dívka a její zeman _____ (vyšli/přešli) ven na ulici.

4. Otec chtěl _____ (odvést/vyvést) dívku domů.

5. Dívka _____ (vystoupila/přistoupila) na kostelní věž.

6. Šli jsme rychle a _____ (předešli/obešli) jsme bezhlavou dívku.

7. Když slunce _____ (rozpadne se/zapadne) a je tma, bloudí dívka ulicemi.

3 O zvonící jeptišce (Endungen der Eigenschaftswörter/Adjektive)

Blízko Týnské___ chrámu, na Star__ Městě, žila jedna bohat__ žena. Byla to velmi zlá a lakomá žena. Její služky musely pracovat od rána do večera. V domě pracovala jedna piln__ , hodn__ a velmi pobožn__ dívka. Vždy, když slyšela zvon Týnské__ chrámu, přestala pracovat a pomodlila se. Ta zl__ , bohat__ paní jí jednou viděla, jak se místo práce modlila. Paní se tak rozlobila, že dívku zabila. Teprve po smrti té nešťastn__ dívky ji začalo trápit špatn__ svědomí. Vstoupila do kláštera a celé své bohatství rozdala. Hodně peněz věnovala také na nov__ , větší zvon pro věž Týnské__ chrám__. Špatn__ svědomí se nedá vykoupit penězi, a tak můžete někdy vidět tu zl__ paní v noci v Týnsk__ věži, kde vlastn__ rukama rozhoupává srdce velk__ zvonu na památku dívky, kterou zabila.

4 Popis

Beschreiben Sie die Charaktereigenschaften des Mädchens und ihrer Herrin.

5 Co to znamená, když o někom řeknete, že je ...

1. lakomý _____.

_____

2. pilný _____.

_____

3. zlý _____.

_____

4. pobožný _____.

_____

5. bohatý _____.

_____

6 Překlad

Nejzajímavější je stará historická Praha. Z Václavského náměstí se dostanete malými uličkami na Staroměstské náměstí. Staroměstská radnice, Týnský chrám, pomník Jana Husa a staré domy ze 14. století jsou jednou z největších turistických atrakcí.

Při návštěvě Prahy nesmíte zapomenout navštívit také židovský hřbitov, je to jenom několik minut od Staroměstského náměstí. Uprostřed města se najednou ocitnete v úplně jiném světě a jiném století. Karlovou ulicí se dostanete na Karlův most, odkud je krásný pohled na Hradčany. Když přejdete Karlův most, dojdete k nádhernému baroknímu kostelu, kostelu svatého Mikuláše.

7 Doplňte

O zvědavém Jezuitovi

O (chrám) _____ svatého Mikuláše se vypráví mnoho (legenda) _____

_____ . Jedna z nich je o (obraz) _____ svatého Mikuláše a přístavu. Svatý

Mikuláš byl patron kupců. Malíř, který maloval tento obraz, nechtěl, aby ho v (práce)

_____ někdo rušil. Proto žádal, aby směl obraz ukázat, až bude dílo dokončeno. Jeden

zvědavý jezuita se tajně schoval do (kostel) _____ , aby zjistil, proč malíř nechce nikomu

obraz ukázat. Malíř však (jezuita) _____ uviděl. Vytáhl z (kapsa) _____ zrcátko

a rychle namaloval jeho (podoba) _____ . Za nějaký čas byl malíř hotov s (obraz)

_____ .Všem se obraz moc líbil. (Jeden) _____ se líbil sám Mikuláš, (druhý)

_____ přístav a koráby. Náhle jeden z (kněz) _____ ukázal (ruka)

_____ nahoru a řekl: „Tam za namalovaným (sloup) _____ se ukrývá někdo

z (my) _____ .“ Podívali se nahoru a poznali svého (druh) _____. Zvědavec

zůstal na (obraz) _____. Až pojedete do (Praha) _____ , jděte se podívat do

(chrám svatý Mikuláš) _____ .

8 Procházka

Zavolejte svému příteli/své přítelkyni a pozvěte je na procházku. Váš přítel nemá zítra čas. Domluvte se na dni a místě, kde se sejdete a promluvte o tom, co budete dělat po procházce.

4 Pražský orloj

Do starého města přišel jednou neznámý člověk s mnoha výkresy a plány. Jmenoval se Hanuš. Byl Čech a byl hodinář. Nebyl to ale obyčejný hodinář, ale mistr. Mistr Hanuš navrhl pro pražskou radnici neobyčejné radniční hodiny. Když mistr Hanuš v roce 1490 orloj postavil, chodili se na něj dívat lidé z celé Prahy a z okolí. Co je vše na orloji vidět? Orloj ukazuje nejen čas, ale také dny v týdnu, měsíce
5 v roce, kdy slunce vychází a zapadá. Orloj také ukazuje, jak ubývá a přibývá měsíc. Každou hodinu zazvoní zvonek a nad orlojem se otevřou dvě okénka. Tam pochoduje 12 apoštolů. Po stranách orloje stojí kostlivec a zvoní na zvonec. Vedle něho stojí Turek a vrtí hlavou. Na druhé straně stojí lakomec a marnivec.

Nakonec vesele zakokrhá kohout a
10 okénka se zavřou. Všem se orloj moc líbil a každou hodinu ho obdivoval zástup lidí. Zpráva o orloji překročila i hranice. Z celého světa jezdili k Hanušovi na radu. Jeho pomocník
15 říkal, že mistr Hanuš pracuje na ještě lepším orloji. Radní dostali strach, že by Hanuš vyrobil ještě lepší hodiny a proto se rozhodli, že zabrání mistru Hanušovi v další práci.
20 Jednou v noci, když ještě mistr Hanuš pracoval, zabouchal někdo na dveře. Bylo pozdě a mistr Hanuš byl sám. Než mohl mistr Hanuš otevřít dveře, vtrhli do místnosti tři muži,
25 srazili mistra Hanuše k zemi a oslepili ho. Druhý den našel pomocník pana Hanuše spoutaného na zemi v horečkách a slepého. Pomocník se ho ptal, co se stalo, ale pan Hanuš
30 nevěděl. Od té noci se pan Hanuš změnil. Zhubl, sedával u krbu, mlčel a přemýšlel.

Asi za rok se nechal mistr Hanuš dovést k orloji. Když se ho radní ptali, proč chce na věž, řekl, že chce orloj ještě vylepšit. Mistr Hanuš stál dlouho u orloje a poslouchal běh hodin. Poslal svého pomocníka
35 pro nějaký nástroj, protože chtěl být sám. Najednou sáhl do stroje a něco tam utrhl. Stroj se rozběhl rychleji a rychleji, skřípal, drnčel, hrčel, cvakal a kostlivec bez přestání zvonil. Náhle se motor zastavil a všechno ztichlo. Když se pomocník vrátil, našel mistra Hanuše mrtvého.

Orloj od té doby dlouho nešel. Nikdo ho nedovedl opravit. Trvalo to mnoho let, než dali orloj zase do pořádku.

1 Otázky

1. Co víte o mistru Hanušovi?
2. Co ukazuje orloj?
3. Kdo se zajímal o orloj?
4. Proč radní chtěli zabránit panu Hanušovi v práci?
5. Jak zabránili Hanušovi v práci?
6. Co udělal Hanuš, když ho pomocník odvedl k orloji?

2 Dejte do přítomného času (Gegenwart/Präsens)

1. Turisté (hledat) _____ Staroměstské náměstí.

2. Cizinci (nerozumět) _____ , co jim průvodce říká.

3. Karel (stát) _____ před orlojem a (čekat)
   _____ na nás.

4. Každou hodinu (pochodovat) _____ dvanáct apoštolů.

5. Stroj (pracovat) _____ bez poruchy.

6. Orloj ukazuje, kdy slunce (vycházet) _____ a (zapadat)
   _____ .

7. Na orloj se (chodit) _____ dívat mnoho lidí.

3 Příslovce (Umstandswörter/Adverbien)

1. Kostlivec (veselý) _____ zvoní na zvonec.

2. Pomocník se vydal (smutný) _____ domů.

3. (Častý) _____ vidím dav lidi před orlojem.

4. (Nutný) _____ potřebujeme někoho na opravu hodin.

5. To se (lehký) _____ řekne, ale (těžký) _____ udělá.

6. Začíná mi být (horký) _____ , asi mám horečku.

7. (Hluboký) _____ se zamyslel a rozhodl se orloj zničit.

8. Kniha o orloji vyšla i (japonský) _____ .

9. Turisté (pozorný) _____ poslouchali vyprávění o orloji.

4 Kdy nebo když?

1. Nevím, _____ jsem ho potkal, ale už je to dávno.

2. Potkal jsem ho, _____ se vracel od orloje.

3. _____ mně uviděl, měl velkou radost.

4. Chtěl vědět, _____ budu doma, aby mě mohl navštívit.

5. Řekl jsem mu, že může přijít _____ chce.

6. _____ bude hezky, půjdeme spolu na procházku do parku.

7. _____ jsem snídal, zazvonil telefon.

8. Můj přítel zavolal a chtěl vědět, _____ a kde se sejdeme.

9. _____ bude hezky, sejdeme se u orloje. _____ bude pršet, půjdeme do kina.

5 Doplňte

dny v týdnu	*měsíce*	*roční období*
pondělí	leden	léto
_____	_____	_____
_____	_____	_____
_____	_____	_____
_____	_____	_____
_____	_____	_____
_____	_____	
	_____	
	_____	
	_____	
	_____	
	_____	

6 Co ještě nevíte

Jediné místo na celém světě, kde se denně nepřetržitě zaznamenává počasí od roku 1775 je pražské Klementinum. Záznamy tvoří nejdelší řadu meteorologického pozorování počasí v dějinách lidstva. Tato meteorologická stanice vznikla již roku 1752.

7 Jak se jmenují hodiny, které ...

1. ... každé ráno zvoní?   _____

2. ... máte na ruce?   _____

3. ... má váš dědeček v kapse?   _____

4. ... jsou na věži?   _____

8 Dopis

Schreiben Sie Ihrem tschechischen Freund/Ihrer tschechischen Freundin einen Brief und erzählen Sie, was Sie gestern gemacht haben. Wann sind Sie aufgestanden? Was haben Sie gefrühstückt? Wie und wann sind Sie zur Arbeit gegangen/gefahren? Von wann bis wann haben Sie gearbeitet? Wo und was haben Sie zu Abend gegessen? Wie und mit wem haben sie den Abend verbracht? Wann sind Sie schlafen gegangen?

5 O Golemovi

V Praze žili vždycky Židé. Na pravém břehu Vltavy si Židé postavili své vlastní město. Brzy bylo toto město přeplněné. Domy a uličky vypadaly docela jinak než ostatní město. Měli tam také svůj vlastní hřbitov. Za vlády císaře Rudolfa II. žil v Židovském Městě rabin Löw. Byl to vysoký učený muž, který patřil k těm nejmoudřejším lidem své doby. Lidé z města a ze širého okolí k němu chodili na radu. Na
5 druhé straně bylo v Praze hodně lidí, kteří chtěli Židovské Město zničit. Jednou v noci se rabinovi ve snu zjevil nápis „Udělej z hlíny tvora, který ti bude pomáhat proti nepřátelům".

Rabin Löw šel k Vltavě a tam udělal člověka z hlíny kterému dal jméno Golem. Golem znamená v židovské řeči sluha. Rabin mu prstem vytlačil ústa, nos a uši. Pak mu vložil do úst pod jazyk pergamenový lístek s tajemným nápisem. Oblékl Golema a řekl: „Goléme vstaň a choď!"

10 Golem se posadil, rozhlížel se kolem a potom vstal a šel s rabinem domů. Golem poslouchal na slovo svého pána a jeho paní. Mluvit nedovedl. Pracoval za dva. Nosil vodu, kácel stromy, dělal ty nejtěžší práce. Jednou poručila rabínova žena Golemovi, aby nanosil do kádí vodu a sama šla na trh. Golem

poslechl, vzal vědra a šel po práci. Rabínova žena se na trhu zdržela. Když se vracela, viděla na ulici shluk lidí a vůd vod
15 „Co se stalo? Že Golem zase něco provedl?" Golem neměl svůj vlastní rozum a byl jako malé dítě. Nikdo nemohl Golemovi poručit, aby přestal nosit vodu, protože Golem poslouchal jenom svého pána a jeho ženu. Když byly kádě plné, lil Golem vodu na zem. Voda byla všude.

20 Jednou poslala rabínova žena Golema pro jablka. „Goleme, tady máš peníze a kup pytel jablek." Golem šel na trh a u stánku s jablky dává babce peníze a ukazuje na jablka. Babka nasypala jablka do pytle a dává je Golemovi, ale ten se chvilku dívá na babku a kývá na ní, aby mu dala víc.
25 Babka ale nerozuměla. Golem se rozlobil a víte co udělal? Vzal celý stánek s ovocem i s babkou a donesl je domů. Čekal, že ho rabínova žena pochválí.

Jednou se stalo, že rabin odjel z města a zapomněl říct Golemovi, co má udělat. Golem byl sám. Nejdřív jen seděl a
30 koukal, ale pak vstal a začal běhat po místnosti. Najednou dostal vztek a začal všechno rozbíjet. Rozbil okna, dveře, vyházel z bytu nábytek, vzácné koberce, nádobí. Potom odešel do zahrady a tam trhal stromy z kořenů. Všichni dostali strach a utíkali před ním.

Rabin Löw se vracel domů. Už po cestě slyšel hluk a křik. Lidé utíkali z města pryč. Rabin nevěděl, co
35 se stalo, ale pak si vzpomněl, že zapomněl Golemovi říct, co má udělat. Když uviděl Golema, zavolal: „Goleme, zastav se." Golem v tu chvíli zůstal stát a díval se kolem sebe. Nevěděl, co se stalo. Rabin šel k němu a vytáhl mu pergamenový lístek z úst. Golem zůstal bez života. Rabin Löw poznal, že Golemova síla může být i nebezpečná. Ještě tu noc zazdil Golema někde v Židovském městě a nikdo se nedozvěděl kam. Dodnes Golema nikdo nenašel.

1 Otázky

1. Co víte o Židovském Městě pražském?
2. Jaký člověk byl rabín Löw a kdy žil?
3. Co víte o Golemovi?
4. Vyprávějte příhodu s vodou.
5. Vyprávějte příhodu s jablky.
6. Kde je Golem teď? Proč je tam?

2 Žena – ženy

nos _____

krk _____

ruka _____

noha _____

ucho _____

oko _____

3 Doplňte správné předložky

od – z(e)

1. Jan koupil lístky a vrací se ____ pokladny.
2. Několik lidí vychází ____ sálu.
3. Bolí mě hlava už ____ rána.
4. ____ filmu mě rozbolela hlava ještě víc.
5. V deset hodin odcházíme ____ kina domů.

na – do

1. Často chodíme ____ kina.
2. Dnes jdeme ____ nový český film.
3. Prosím dva lístky ____ desáté řady.
4. Dáváme si kabáty ____ šatny.
5. Koupila jsem lístky ____ Fausta.

v – na – u

1. Sedím ____ kavárně a čekám ____ Petra.
2. Včera bylo ____ pokladny hodně lidí. Dnes tam nikdo nestojí.
3. Už vím proč ____ pokladně nikdo není.
4. ____ pokladně visí nápis „Dnes nehrajeme".
5. Paní ____ vchodu kontroluje vstupenky.

4 Doplňte

– Mirku, jdeš nakoupit?

– Ne, jdu si jen pro cigarety.

– Můžeš koupit po cestě _____ (5 jablko)?

– Ano, vedle Tabáku je samoobsluha.

– Když jdeš do samoobsluhy, kup, prosím tě, ještě _____

_____ (7 houska, 2 sýr, 5 l mléko) a ještě

_____ (4 vejce).

– Doufám, že je to všechno. Chtěl jsem jít jen pro cigarety.

– Úplně jsem zapomněla. Dnes večer přijde Jan s Žanetou. Kup, prosím tě, ještě

_____

(3 láhev bíle víno a 6 pivo). To je všechno.

– To jsem rád.

5 Na návštěvě

Wählen Sie jeweils eine der Varianten und schreiben Sie einen Dialog.

Sie sind bei einer tschechischen Familie eingeladen und man bittet Sie zu Tisch.

1. Sie entschuldigen sich, aber Sie haben schon gegessen.
2. Sie dürfen kein Fett essen, weil Sie eine Diät einhalten müssen.
3. Sie bedanken sich und nehmen Platz.

Ihre Gastgeber fragen, was Sie gerne trinken möchten.

4. Sie trinken keinen Alkohol, weil Sie ... .
5. Sie bitten um ein Mineralwasser oder ... .
6. Sie nehmen gerne ein Glas Wein, möglichst einen ... .

Nach dem Essen verabschieden Sie sich.

7. Sie sind müde und haben Kopfschmerzen. Sie möchten ins Hotel zurück und fragen nach der günstigsten Verbindung.
8. Sie bedanken sich für die Gastfreundschaft und das vorzügliche Essen. Sie laden Ihre Gastgeber ein, Sie bald zu besuchen.

6 Předložky (v, na, do, ...)

1. Jdeme dnes _____ Židovského Města.
2. Pojedeme metrem _____ stanice Můstek a potom pěšky _____ Staroměstské náměstí _____ Pařížské ulice.
3. Jsme tu moc brzo. Prohlídka začíná až _____ 14.00 hod.
4. Jdeme se projít _____ řece Vltavě.
5. Petr a Hans stojí _____ židovským hřbitovem.
6. Náš průvodce nám vypravuje _____ Golemovi.
7. Vypravuje nám příhodu _____ tom, jak šel Golem koupit jablka _____ trh.
8. Rabin Löw žil v Praze _____ vlády císaře Rudolfa.
9. _____ Židovském Městě chodíme _____ dvě hodiny.
10. Potom jdeme _____ Staré Město _____ hotelu.
11. _____ večeři jdeme _____ konzert.
12. _____ hotelu se vrátíme _____ půlnoci.

7 Překlad

1. Uprostřed bývalého Židovského Města stojí v malém parku židovský hřbitov.
2. Starý židovský hřbitov v Praze je největší v Evropě.
3. Tento hřbitov je také jediný, který nebyl zničen během druhé světové války.
4. Na hřbitově je asi 12.000 náhrobních kamenů.

5. Snad nejzajímavější je hrob rabína Löwa. Návštěvníci vkládají do jeho hrobu lístečky s prosbou o pomoc, štěstí a zdraví.
6. Křesťané pokládají na hrob květiny. Židi pokládají na hrob kameny.
7. Říká se, že pokládat kameny na hrob pochází z doby útěku Židů z Egypta.
8. Až pojedete do Prahy, nezapomeňte si vzít sebou malý kamínek z vaší zahrádky.

8 Máte rád/ráda knihy?

1. Jakou knihu právě čtete?
2. O čem je, o které době vypráví?
3. Jaké knihy rádi čtete?
4. Jakou knihu českého spisovatele jste četli?
5. Jak často kupujete knihy? Chodíte do knihovny?
6. Jste členem čtenářského klubu? Proč?/Proč ne?

6   Filmové ateliéry Barrandov

Moje děti říkají, že nejlepší dětské filmy jsou české filmy. Myslím, že mají pravdu. Jako vzorná matka jsem se s nimi dívala na filmy „Pan Tau", viděla jsem všechny díly „Lucie – postrach ulice" i „Popel-ku". Moc se mi líbily. Všechny tyto filmy byly vyrobeny ve filmových ateliérech na Barrandově. Víte, kde je Barrandov?

5 Barrandov leží asi 8 km jižně od středu Prahy. Tato část Prahy dostala svoje jméno po Joachimu Bar-randovi. Joachim Barrandov byl geolog a právě v této části Prahy našel před více než 160 lety zkame-něliny mořských zvířat – trilobity. Joachim Barrandov nebyl jenom geologem, ale také domácím učite-lem franzouzského krále Karla X. Vyjela jsem si na Barrandov do filmových ateliérů a poprosila jsem pana Šimáčka o rozhovor.

10 Já: Pane Šimáčku, jak dlouho jste pracoval v ateliérech?
p. Šimáček: Dlouho, 30 let.
Já: Kdy bylo založeno filmové městečko a kdo ho založil?
p. Šimáček: Pan Miloš Havel založil filmové studio na začátku třicátých let.
Já: Miloš Havel? Byl to snad nějaký příbuzný pana prezidenta?
15 p. Šimáček: Ano, byl to jeho strýc.
Já: Co se stalo s ateliéry za války?
p. Šimáček: Na konci třicátých let byl pan Havel donucen prodat celý objekt Němcům za babku. No, a ti používali Barrandov pro své účely. Během války zde byly natočeny německé zábavné filmy, se známými německými herci. Na Barrandově filmoval Gustav Fröhlich, Theo
20   Lingen, Hans Moser, Hans Albers, Heinz Rühmann, Olga Tschechowa a jiní.
Já: Byly ateliéry za války zničeny?
p. Šimáček: Ne, nebyly. Němci vystavěli během války ještě tři velké ateliéry tzv. Bunkry. Ty mají rozlohu 4400 m².
Já: Co se stalo po válce, dostal pan Havel ateliéry zpět?
25 p. Šimáček: Kdepak, celý Barrandov byl znárodněn.
Já: To se tam potom točily jen socialistické filmy, ne?
p. Šimáček: To víte že jo, ale přesto vznikly v té době filmy, které dostaly na festivalech v Cannes, Benátkách, Berlíně a Hollywoodu ceny – Oskara nebo Zlatou Palmu a jiné.
Já: Jména Miloš Forman, Jiří Menzel, Karel Kachyňa jsou známá ve filmovém světě. Co se
30   stalo s filmaři po roce 1968?
p. Šimáček: Po okupaci odešlo mnoho výborných režisérů do zahraničí, a ostatní byli umlčeni. Po sametové revoluci spolupracovalo filmové studio se zahraničními filmaři a se zahraniční televizí. Pan Forman natočil většinu filmu „Amadeus" právě u nás. Na Barrandově a v západních Čechách natočil Joseph Vilsmaier svůj film „Stalingrad".
35 Já: Filmové ateliéry musí mít také velký sklad rekvizit, ne?
p. Šimáček: To víte že jo. U nás na Barrandově máme 220.000 kostýmů, 30.000 párů bot a asi 10.000 kusů nábytku.
Já: Umíte moc zajímavě vyprávět. Děkuji vám za rozhovor, pane Šimáčku a na shledanou.
p. Šimáček: Na shledanou.

1 Otázky

1. Kde leží filmové studio a proč se tak jmenuje?
2. Kdy a kdo založil filmové ateliéry?
3. Co se stalo s ateliéry během 2. světové války?
4. Jaké filmy se točily na Barrandově před válkou/během války/po válce?
5. Které známé české režiséry znáte?
6. S kým spolupracují filmové ateliéry Barrandov?
7. Co víte o Josephu Vilsmaierovi a Miloši Formanovi?
8. Znáte nějaké české filmy?

2 Co to znamená?

1. _____ prodat za babku.
2. Barrandov byl znárodněn.
3. _____ ostatní byli umlčeni.

3 Vyberte vhodné slovo

anglicky, anglický, angličtina, Angličan, Angličanka

To je _____ film. Jaká je tvoje _____?

Mluvím už docela dobře _____. Mary je _____.

česky, český, čeština, Čech, Češka, Češi

Rodiče jsou _____. Viděl jsi _____ film Švejk?

Nerozuměl jsem jim, mluvili jen _____: Němci říkají, že

_____ je těžký jazyk.

německy, německý, němčina, Němec, Němka

Pani Ulrichová není _____, je Rakušanka. Můžeš už číst

_____ knihu? Když mluvíš _____, mluv pomalu.

4 Dejte do správných pádů (Fall/Kasus)

1. Kam jdeš? Jdu do _____ (náš ateliér).
2. Co tam neseš? Nesu tam film z _____
   (filmový archív).
3. Jak dlouho budete dnes filmovat? Dnes filmujeme od _____ (ráno) do
   _____ (večer).
4. To je dlouho. Jeden z _____ (vy) musí zavolat domů, že přijdeme pozdě.
5. Co je vedle _____ (ateliér) číslo čtyři? Tam je sklad.

6. Během _____ (válka) zde natočili Němci mnoho filmů.

7. Kde jsi byl? Jdu právě z _____ (kino).

8. Kdo byl na premiéře? Všichni kromě _____

_____ (německý režisér).

5 Napište věty

1. Barrandov – 8 km centrum – filmové ateliéry
2. dívat se – děti – pohádky
3. prodat – objekt státu
4. Miloš Forman – Amadeus – Barrandov
5. výborný režisér – zahraničí – odchod
6. Barrandov – Joseph Vilsmaier – Stalingrad
7. koupit – vstupenku – dnes večer
8. sejít se – vchod – kino

6 Překlad

1. První český film natočil Jan Kříženický, který byl architekt, inženýr a pražský fotograf.
2. V roce 1896 uviděl Kříženický poprvé film – pohyblivé obrázky u Saského dvoru v Praze.
3. Přátelé mu pomohli sehnat peníze na kameru. Přímo od bratří Lumierů z Lyonu dostal kameru a pár negativů.
4. V létě 1898 se konala v Praze velká výstava architektury a inženýrství. Diváci tam 18.6.1898 uviděli první film Jana Kříženického „Obrázky z výstavního života".
5. První český hraný film, který natočil Kříženický, se jmenoval „Smích a pláč".
6. Teprve v roce 1910 vznikla česká filmová společnost „Kinofa".

7 Kino

Sie verabreden sich mit Freunden, um gemeinsam ins Kino zu gehen. Erzählen Sie, was Sie über den Film bereits wissen. Schlagen Sie vor, daß Sie die Eintrittskarten telefonisch vorbestellen. Vereinbaren Sie einen Treffpunkt in der Nähe des Kinos. Rufen Sie im Kino an und fragen Sie nach, ob es noch Karten gibt. Erkundigen Sie sich nach dem Preis. Holen Sie die Karten ab und begrüßen Sie Ihre Freunde. Wie war der Film? Gehen Sie gern ins Kino? Warum?/Warum nicht?

8 Interview

Sie haben die Möglichkeit, mit einem bekannten Schauspieler/einer bekannten Schauspielerin zu sprechen. Schreiben Sie die Fragen auf, die Sie stellen möchten. Interviewen Sie einen Mitschüler/eine Mitschülerin. Notieren Sie die Antworten.

9 Kino nebo televize?

Chodíte radši do kina nebo se radši díváte na film v televizi? Napište nejméně pět důvodů pro a pět proti.

7 Procházka po Karlově mostě

Právě jsem viděla v televizních novinách zprávu o návštěvě amerického prezidenta v Praze. Český prezident a americký prezident se procházeli po Karlově mostě a diskutovali. Proč právě tam?

Karlův most je jeden z nejstarších mostů ve střední Evropě a snad nejkrásnější most na celém světě. Až na malou opravu zůstal most v téže podobě, jakou mu dal jeho stavitel Petr Parléř v roce 1357. Říká se,
5   že Karlův most je proto tak pevný, protože zedníci při stavbě mostu míchali do vápna vejce a smetanu, kterou posílali do Prahy sedláci z celých Čech. Vejce poslali také sedláci z Velvar. Asi pořádně neposlouchali nebo měli strach, že se vejce cestou rozbijí nebo zkazí, a tak poslali vejce uvařená na tvrdo. Celá Praha se tomu smála.

Každý, kdo navštíví Prahu, ať je to poprvé nebo po padesáté, ať je chudý nebo bohatý, si vždycky
10   najde čas na procházku po Karlově mostě.

Praha je město spisovatelů. Snad nejdůležitější pro Prahu byli Franz Kafka a Jaroslav Hašek. Oba spisovatele spojuje také Karlův most. Jaroslav Hašek obrazně popisuje ve svém románu „Osudy dobrého vojáka Švejka" situaci, kdy dva opilí vojáci s bajonety vedou Josefa Švejka z Hradu přes Karlův most na Staré Město. A právě přes tento most šel Josef K. z Kafkova románu „Proces" za měsíční noci na
15   popravu na Strahov.

Nikde na světě nestojí tolik svatých a nikde nesedí tolik mladých lidí na mostě jako na Karlově mostě. Turisty z celého světa, malíře, klauny, pouliční prodavače a muzikanty najdete dnes na Karlově mostě. O jednom muzikantovi z Karlova mostu si teď přečtěte.

1   Účetní z Brazílie miluje Karlův most.

Ise Severo se nechce vrátit do Sao Paula

Účetní z Brazílie miluje Karlův most

Karlův most je místo, které již učarovalo mnoha lidem. Ise Severo (32) z Brazílie na něm však zcela ztratil své srdce. Zamiloval se do něj tak, že žádá o české občanství. Do rodného Sao Paula se již nechce vrátit.

Jaroslav Krčál

V rodné Brazílii začínal Ise jako účetní. Ale dlouho to nevydržel a vydal se do Evropy. Žil tři roky v Anglii, poté ve Španělsku, Dánsku, Německu i Rakousku. Živil se, jak se dalo. Většinou jako číšník, nebo umývač nádobí. Na svých cestách potkal i Čechy a na jejich radu se přijel podívat do Prahy. Nejvíce z celého města se mu zalíbilo na Karlově mostě. Sedl si uprostřed mostu na zem, vytáhl kytaru a začal hrát. „Nevím, co mne to tenkrát napadlo. Nikdy předtím jsem veřejně nehrál. Za chvilku byl kolem mne houf lidí. Zpívali jsme, hráli, smáli se i tančili. Byla to nádherná atmosféra. Nechtělo se nám jít domů, a tak jsem slíbil, že přijdu druhý den znova." řekl nám Ise. Od té doby ho můžete na Karlově mostě potkat téměř každý večer. Jen na zimu si odskočil domů. Moc se mu však stýskalo, a tak honem pospíchal na jaře zpět. Příští zimu už prý neodjede. Nedovede si již svůj život bez kouzelné atmosféry, která Karlův most obklopuje, představit. Možná, že Ise nemá nejkrásnější hlas a neumí ani nijak virtuozně hrát na kytaru. Je to však rozený herec a šoumen. Lidem, kteří u něho zastaví a nechají se pohltit atmosférou jeho vystoupení, se většinou nechce domů. Iseho produkce tak končívají až příchodem městských strážníků a upozorněním (někdy i pokutou), že je už noční klid.

Foto autor

26

2   Co dělají tito lidé?

1. sedlák   _____

2. zedník   _____

3. voják   _____

4. spisovatel   _____

5. pouliční prodavač   _____

6. malíř   _____

3   Můj – tvůj – svůj?

– Nevíš, kde je _____ průvodce? Měla jsem _____ průvodce ještě dnes odpoledne na Karlově mostě.

– Podívala jsi se do _____ kufru?

– Ještě jsem se nepodívala. Podívej se, prosím tě, ty do _____ kufru a já se podívám do _____ tašky.

– V _____ kufru není. Je v _____ tašce?

– Ne, není. To je divné. Na Karlově mostě jsem měla _____ průvodce v ruce a pak jsem ho dala do ... – už vím do _____ kapsy. Kde je, prosím tě, _____ kabát?

– To nevím. Ty ztratíš jednou _____ hlavu.

4   Já – můj, ty – tvůj, ...

1. Na Karlově mostě jsem potkal (ty) _____ známé.

2. Potkávám (oni) _____ dědečka často v parku.

3. Chtěli mluvit s (ty) _____ přítelem Pavlem.

4. Pavel má ještě (my) _____ knihy.

5. Promiň, ale zapomněl jsem na (oni) _____ vzkaz.

6. Před časem mi vyprávěli o (on) _____ rodičích.

7. Co dělá (on) _____ sestra?

8. Mluvili jsme také o (já) _____ práci.

9. Nezapomeň na (ona) _____ přátele.

10. Mluvili také s (vy) _____ bratrem.

11. Chce se poradit s (ona) _____ rodiči.

12. Dostal jsem dopisy od několika (vy) _____ přátel.

5 Dejte do správných pádů (Fall/Kasus)

1. Budu mluvit s (váš otec) _____.
2. Setkal jsem se s (vaši příbuzní) _____.
3. Na (váš strýc) _____ jsme zapomněli.
4. Ptali jsme se na to (tvoje dcera) _____.
5. Knihu o Olomouci jsem poslal (váš strýc) _____.
6. Nevíte o (náš pes) _____?
7. To je dopis od (můj bratr) _____.
8. Na výstavě jsem se sešel s (tvoje sestra) _____.
9. Pojedeme s (naše babička) _____ do Karlových Varů.
10. S (tvoji přátelé) _____ jsem nemluvil.
11. Ta čokoláda je pro (moji přátelé) _____ a ne pro tebe!

6 Karlův – Karlova – Karlovo?

1. _____ most je práce stavitele Petra Parléře.
2. Viděla jsem amerického prezidenta na _____ mostě.
3. Blízko _____ mostu je chrám sv. Mikuláše.
4. Pod _____ mostem teče řeka Vltava.
5. Turisté se procházeli půl hodiny po _____ mostě.
6. Jak se dostanu prosím na _____ náměstí?
7. Na _____ náměstí je několik nemocnic.
8. Uprostřed _____ náměstí je park.
9. Vyfotografoval jsi také domy v _____ ulici?
10. _____ ulicí se dostanete ke _____ mostu.
11. Z _____ mostu vidíte pěkně Hradčany.
12. Šli jsme z Hradu přes _____ most, _____ ulicí na Staré Město.

7 Spisovatelé v Praze

Víte, že v Praze se narodil nejen známý spisovatel Franz Kafka, ale i Max Brod, Franz Werfel, básníci Rainer Maria Rilke, Paul Leppin, Viktor Hadwiger, ale i žurnalista Egon Erwin Kisch? Versuchen Sie herauszufinden, zu welcher Zeit diese Schriftsteller in Prag lebten und welche Werke sie in dieser Zeit veröffentlichten.

8 Návštěva

Schreiben Sie Ihren tschechischen Freunden einen Brief und laden Sie sie ein, Sie zu besuchen. Berichten Sie von den Sehenswürdigkeiten Ihrer Stadt. Fragen Sie, was Ihre Freunde sich gerne anschauen würden, und ob Sie Theater- oder Konzertkarten besorgen sollen.

8 *Bedřich Smetana*

Někteří z Vás již viděli operu „Prodaná nevěsta" nebo znají symfonickou báseň „Vltava". Co ale víte o skladateli Bedřichu Smetanovi?

Smetana se narodil 2. března 1824 v Litomyšli v Čechách jako jedenácté dítě pivovaře Smetany. V té dobý patřily Čechy k Rakousko-Uherské monarchii.

5 Úřední jazyk byla němčina. Také v rodině Smetanově se mluvilo jen německy. Bedřich byl od malička velmi talentovaný. První hodiny na housle dostal od svého otce. Později přešel na klavír a svůj první konzert měl, když mu bylo šest let. V roce 1832 složil svoji první skladbu. V roce 1835 se rodina přestěhovala na venkov. Tam také slyšel Bedřich Smetana češtinu. Velmi se mu tato melodická řeč

10 zalíbila. Po studiu na gymnáziu začal studovat hudbu v Praze.

V Praze se také zamiloval do pianistky Kateřiny Kolářové, která se později (r. 1849) stala jeho manželkou. V roce 1848 se postavili Pražané proti rakouské vládě. Smetana se začal cítit jako Čech a vstoupil do Národní gardy. V této revoluční době složil známou „Píseň svobody".

Je zajímavé, že Smetana mluvil plynně česky teprve ve 36 letech. V roce 1857 odjel do Göteborgu, kde

15 pracoval jako ředitel Filharmonie. Jeho žena onemocněla na tuberkulózu a během návratu do vlasti, roku 1859, zemřela. Smetana nezůstal ve vlasti, ale pořádal konzerty po Evropě. Do Prahy se vrátil až roku 1861. Tam pracoval v Prozatímním divadle.

V roce 1874 Smetana onemocněl. Nejdříve to byly jen chronické bolesti v krku a vředy. První známky pokročilé syfilis. Zvědavé veřejnosti se řeklo, že Smetana trpí nervovou chorobou a potřebuje klid.

20 Začínal mít také potíže se sluchem. Nakonec v roce 1874 úplně ohluchl. Přesto všechno ještě skládal. Dne 11. června 1881 se otvíralo nové české Národní divadlo. Na programu byla „Libuše", opera od Bedřicha Smetany. Na premieru této opery mu divadlo zapomnělo poslat vstupenku. Ke konci svého života Smetana zešílel a umřel v ústavu pro duševně choré roku 1884.

1 Otázky

1. Co víte o Smetanovi jako dítě?
2. Jakou řečí mluvil doma a proč?
3. Jaká byla politická situace kolem roku 1848? Jaký vliv to mělo na Smetanu?
4. Co víte o jeho životě s Kateřinou Kolářovou?
5. Co dělal v Göteborgu a jak dlouho tam byl?
6. Kdy se otvíralo Národní divadlo a co tam hráli?
7. Kolik bylo let Smetanovi, když zemřel? Znáte nějaké opery nebo skladby od Bedřicha Smetany?

2 Co to znamená, když je někdo ...

1. hluchý   _____
2. němý   _____
3. slepý   _____
4. hluchoněmý   _____

3 Rychlý nebo rychle?

1. (rychlý, rychle) To je _____ rytmus. Nehraj tak _____!

2. (špatný, špatně) Na konci života Smetana _____ slyšel. Opera měla _____ kritiku. Orchestr hrál _____.

3. (přesný, přesně) Víš, kdy _____ začíná konzert? Sejdeme se u metra, buď _____! Metro jede _____ v 19.00 hod.

4. (výborný, výborně). Ta sólová zpěvačka byla _____. _____ jsem se pobavila. To byl _____ nápad jít na konzert.

5. (německý, německy) Je to _____ opera? Asi ano, zpívají _____. Je to známá _____ zpěvačka.

6. (podobný, podobně) _____ hudbu jsem někde slyšela. Ten zpěvák zpíval _____ jako Karel Gott.

4 Musit – moci – mít – umět – smět

1. _____ na mě chvíli počkat?

2. Budu _____ čekat dlouho?

3. Ne, jenom se zeptám, jestli si _____ vzít auto.

4. _____ vůbec řídit auto?

5. Když nebudu _____ poslouchat tvoje řeči, tak ano.

6. _____ vstupenky?

7. _____ se na ně podívat?

8. Podívej se do kapsy, _____ tam být.

9. Nerozuměla jsem, _____ to říct ještě jednou, kde jsou?

10. V kapse. _____ už jít, pospěš si.

11. _____ se ještě napít, než půjdeme?

12. Co _____ s tebou dělat, napij se a pojď.

5 Najděte do vět vhodné slovo a s podstatnými jmény, která se nehodí, utvořte nové věty.

1. Bedřich Smetana byl synem hospodského/pivaře/pivovaře.

2. Petr si koupil jízdenku/jízdárnu/vstupenku a nastoupil do tramvaje.

3. Paní pokladnu/pokladní/poklad rozbolela hlava.

4. Bedřich Smetana byl němý/hluchý/slepý.

5. Smetana pracoval v Göteborgu jako ředitel/řidič divadla.

6. Paní Müllerová byla hospodářka/hospodyně/hospodská Švejka.

7. Na uiici bylo mnoho chodníků/chodců.

8. Bedřich Smetana byl dobrý skladník/skladatel/skladiště.

6 Vlastní jména dejte do 2. pádů

1. opera – Leoš Janáček _____
2. román – Bohumil Hrabal _____
3. skladba – Bedřich Smetana _____
4. pohádky – Božena Němcová _____
5. plakát – Alfons Mucha _____
6. báseň – Jiří Wolker _____
7. menuet – Wolfgang Amadeus Mozart _____
8. hra – Václav Havel _____
9. povídka – Jan Neruda _____
10. obraz – Mikuláš Aleš _____

7 Překlad

Přečtěte si článek o Evě Randové a napište, jaká je to žena.

Když nezpívá, plave

Představujeme Vám pěvkyni Evu Randovou, bývalou členku národního plaveckého družstva. Majitelka mezzosopránu s rozsahem tři oktávy je skoro čtvrt století známější víc v zahraničí než doma. Především interpretuje Verdiho a Wagnerovy árie (za Lohengrina dostala nejlepší gramofonovou nahrávku roku) na nejslavnějších operních scénách světa.

Přestože žije dlouhá léta v Německu, zůstala Češkou i na papíře a o občanství nikdy nepožádala. Počet jejích psů se rovná počtu manželství a dcer, které češtinou tak dobře nevládnou. Sen svobodné dívky o jedenácti dětech u stolu nad krupičnou kaší se paní Randové nesplnil, zato její pěvecká kariéra přesáhla hranice reality.

Přes svou čtyřiatřicetiletou kariéru nestárne, uprostřed milovaných jedenácti ovcí na letním sídle, při zkouškách Elektry a v domácím prostředí. Eva Randová je člověk, který se při svých schopnostech necítí povznesený a ze všeho nejradši se napije piva.

(Blesk, 6/94)

8 Půjdeme do opery?

Ihre tschechischen Freunde möchten in Ihrer Heimatstadt in die Oper gehen. Berichten Sie, daß

- die Oper „Libuše" gespielt wird,
- Sie Glück hatten und noch zwei Karten bekommen haben, obwohl die Vorstellung schon lange ausverkauft war,
- die Vorstellung um 20 Uhr beginnt, es aber sinnvoll ist, früher dort zu sein, um die Mäntel an der Garderobe abzugeben, ein Programm zu kaufen und in Ruhe den Platz zu suchen,
- Sie in der großen Pause nach dem zweiten Akt ein Glas Sekt trinken können,
- Sie gemeinsam nach der Vorstellung in eine Weinstube gehen und sich über die Oper unterhalten können.

9 Dopis

Vážený pane starosto,   únor 1996

chtěl bych Vám tímto dopisem objasnit, proč my, odsunutí, jezdíme jednou za rok do naší
rodné vesnice, kde jsme se narodili, byli pokřtěni, kde jsme chodili do školy a prožili naše
mládí. Naši předci žili více než 800 let se svým národem a společně odpočívají na hřbitově.
Nesmyslná válka nám vzala náš domov. Naše generace válku nezavinila zrovna tak jako
5   dnešní generace nemá nic společného s naším odsunem. V jižních Čechách nežili jen
fašisté, ale také demokraté, kteří byli zataženi do války. Můj otec pracoval u dráhy jako
vedoucí provozu. Žili jsme na nádraží dohromady s českými rodinami bez potíží. Já sám
jsem chodil do české školy a teprve roku 1935, po nástupu Hitlera k moci, jsem se musel
učit německy, a přesto jsme byli odsunutí.
10   Dnes jsme rádi, že není válka a že žijeme v demokracii. Nikdo z nás nemyslí na návrat do
vaší vesnice. Jen někteří z nás doufají, že dostanou svůj majetek zpátky. Jezdíme rádi do
vaší vesnice jednou za rok, protože i v budoucnu bude vaše vesnice naše stará vlast. Když
se otevřely hranice, mnoho z nás doufalo na normalizaci našich vztahů. V prvním roce bylo
vše velmi nadějné, ale hned v dalším roce jsme si všimli, že se nás obyvatelé vesnice straní.
15   Je to škoda, protože jenom společně můžeme překonat minulost a společně vybudovat
Evropu.
Bylo by výhodné pro obě strany, kdyby naše návštěvy měly více společenský ráz. K tomu
patří ofizielní uvítání nebo společně strávené odpoledne u kávy v radniční zahradě nebo v
jednom z radničních sálů. Později bychom mohli společně organizovat slavnosti či výměny.
20   Že jsme my pohostinní, dokazujeme každý rok tím, že přispíváme na údržbu kostela a
hřbitova. Také v jiných oblastech by byl osobní kontakt pro Vás i pro nás plodný. Jestliže
máte stejné mínění jako já, že můžeme naše vztahy znova vybudovat, pak bych měl velkou
radost z Vaší odpovědi.

Se srdečným pozdravem,

25   Heinz Polévka

1   Otázky

1. Co víte o panu Polévkovi?
2. Co se stalo s Němci ve vesnici pana Polévky po roce 1945?
3. Jaká je situace v této vesnici dnes?
4. Proč píše pan Polévka dopis starostovi vesnice?
5. Co si myslíte o tomto dopise?
6. Co víte o tzv. odsunu Němců?

2   Jít nebo chodit – jet nebo jezdit?

jít/chodít

1. Jirka _____ dnes na procházku se psem.
2. Já _____ na procházky se psem každý den.
3. Normálně _____ do práce pěšky.
4. Tento pátek ne _____ do práce, protože _____ k lékaři.
5. Kam _____ ?
6. Dnes je středa, a každou středu _____ do kursu češtiny.

jet/jezdit

1. Dnes večer _____ vlakem do Lipska na veletrh.
2. Normálně _____ do Lipska autem.
3. V zimě _____ často lyžovat.
4. Nechceš _____ zítra s námi do hor?
5. Kam _____ ?

letět/létat

1. Kam _____ tohle letadlo?
2. Letadlo z Prahy do Bratislavy _____ několikrát denně.
3. Moderní letadla _____ velmi rychle.
4. ČSA letadla _____ do mnoha zemí světa.
5. V kolik hodin _____ dnes letadlo do Karlových Var?
6. Nevím, ale _____ velmi často.

3   Dejte do 7. pádů množného čísla

1. Manželé Bauerovi odešli s (jejich dvě děti) _____

_____ a (jejich dva psi) _____

už před rokem 1945 ze Svitav.

2. Šli pěšky. Cesta vedla (hluboké lesy) _____ ,

   (zelená pole a louky) _____ .

3. U babičky v Olomouci se setkali s (naši příbuzní) _____

   _____ , (tety, bratranci a sestřenice) _____

   _____ .

4. Rodina Bauerova se stala (občané Esslingen)_____

   _____ .

5. Po 45 letech se pan Bauer s manželkou a (přátele) _____

   odjel podívat do svého rodného města.

6. V jejich domě teď bydlí milá rodina s (dvě děti a dva psi) _____

   _____ .

7. Jana a Karel Dvořákovi se stali (jejich nejlepší přátelé) _____

   _____ .

4 Dejte do 1. nebo 2. stupně (Steigerungsstufe)

1. Česká republika je malá země, ale Slovensko je ještě _____ .

2. Čeština je těžký jazyk, ale arabština je ještě _____ .

3. Mluvíte už dobře česky, ale po návštěvě u nás budete mluvit ještě

   _____ .

4. Opava je velké město, Brno je _____ , a Praha je

   _____ .

5. (starý) _____ obyvatelé na území Čech byli Keltové.

6. Češi říkají, že (dobrý) _____ pivo na světě je plzeňské pivo.

7. (krásný) _____ pohled na Prahu je z Hradčan.

8. Řeka Vltava je (krátký) _____ než Labe.

9. Krkonoše jsou vysoké, ale Tatry jsou _____ .

10. Josef Suk je známý houslista, ale Paganini je _____ .

5 Doplňte (ani, i, ale, a, že, a proto, asi, nebo, protože, aby, ...)

1. Chci jet na pár dní do Jižních Čech _____ prohlédnout si okolí Domažlic.

2. Plánuji cestu do Domažlic koncem tohoto měsíce _____ začátkem příštího.

3. Ptal jsem se Milana, kdy mám přijet, _____ ještě neodpověděl.

4. Nechci jet sám, _____ jsem poprosil Kurta, _____ jel se mnou.

5. Milan včera volal, _____ jsem mu zapomněl dát adresu hotelu v Domažlicích.

6. Poslal jsem mu před týdnem fax, _____ ho nedostal.

7. Pozval jsem Milana na večeři v pátek _____ v sobotu.

8. Ještě neví, jestli přijde, _____ _____ ano.

9. Milan pracuje často ve dne _____ v noci. Často nemá čas _____ na večeři.

6 Napište, co řeknete, když ...

– Sie jemanden willkommen heißen,

– jemand Geburtstag hat,

– Sie jemanden nach Hause einladen wollen,

– Sie sich entschuldigen wollen, weil Sie verhindert sind,

– Sie sich in einer fremden Stadt verirrt haben,

– es Ihnen nicht gut geht, und Sie Hilfe brauchen,

– Sie nicht wissen, wieviel Uhr es ist,

– Sie sich verabschieden wollen,

– Sie sich bei Ihren Freunden für alles bedanken wollen, was sie während Ihres Aufenthaltes für Sie getan haben?

7 Dejte do infinitivu (Grundform)

1. Chcete se (učíte) _____ česky?

2. Když chceš (mluvíš) _____ dobře česky, nesmíš se každý večer

   (díváš) _____ na televizi.

3. To neznamená, že musíte (studujete) _____ v noci.

4. Když musíte (píšete) _____ česky, nesmíte (mluvíte) _____

   _____ .

5. Babička je stará, musí (odpočívá) _____ , ale vy se musíte (učíte)

   _____ .

6. Eva neumí (čte) _____ .

7. Vidím Mirka (stojí) _____ na ulici, místo aby začal (pracují)

   _____ .

8. Mirek nemůže (ví) _____ , že je na něho (vidím) _____

   _____ .

9. Dnes už nechce (pokračuje) _____ . Já také ne.

8 Odpověď na dopis

Was glauben Sie, wie reagierte der Bürgermeister auf den Brief von Heinz Polévka? Schreiben Sie seinen Antwortbrief.

9 Kterou zemi byste chtěli navštívit a proč?

Sie buchen im Reisebüro einen Flug nach ... und zurück. Reservieren Sie auch gleich ein Doppelzimmer mit Bad und erkundigen Sie sich nach der Ausstattung des Hotels (Schwimmbad, Sauna, Bar, Tennisplatz, Golfplatz, Fahrradverleih, Kinderbetreuung, ...).

10 *Robinson*

Vysoko nad obcí Vrhavec objevili myslivci bunkr. Nikdo o tom nevěděl. O jeho staviteli se snad psalo už ve všech novinách. Stal se hrdinou okresu. Josef Jarošík je spíš menší, není žádný lamželezo[1]. Druhého února mu bylo padesát. Ten den ale nic neslavil. Seděl na policejním ředitelství. Policisté si s ním přátelsky povídali. Chtěli vědět všechno o stavbě bunkru. I my jsme chtěli všechno vědět a tak jsme
5 zajeli za panem Jarošíkem. Zeptali jsme se ho, proč postavil bunkr.
– Dostal jsem strach z civilizace, z atomových válek, a pak přišel Černobyl. Tak jsem se rozhodl postavit bunkr.
Byla to úplně logická odpověď, ale odpověď na další otázku nás překvapila.
– Kdyby se v České republice rozpoutala nuklearní válka, jak dlouho byste v bunkru válku přežil?
10 – Tejden? – zašeptal.
Pan Jarošík pracoval na bunkru skoro deset let. Dostat se k němu nebylo tak lehké. Vchod, tři metry hluboká šachta, byl schovaný v křoví. Do bunkru se leze po žebříku. Hlavní místnost v bunkru je velká dvakrát tři metry. Stěny bunkru jsou vybetonované a nabílené. V bunkru je jednoduchý „nábytek" – dřevěná pryčna a malý stolek. Bunkr má dvě větrací šachty. Jedna je prý nouzový východ. Policisté objevili v
15 bunkru dva desetilitrové demižóny a asi padesát bateriových článků.
– Kdyby vám tu práci chtěl dneska někdo zaplatit, kolik byste si řekl?
– Asi deset tisíc korun, – řekl po chvíli.
– Nebyl jste smutný, že váš bunkr našli?
– Nedalo se nic dělat, nechal jsem se chytit. To je jako v přírodě, silnější chytne slabšího.
20 – Jste věřící?
– Jsem, jinak nemůže člověk v přírodě žít.
– Chodíte do kostela?
– Ne. Nemám čas. V neděli poslouchám s matkou bohoslužby v rádiu.
– Co čekáte od života?
25 – Jen klid! – řekl nečekaně rezolutně.
– Žil jste tu jak na ostrově. Měl jste tedy klidu dost, ne?
– Celej život ne. První půlku jsem žil ve stresu, odpověděl smutně pan Jarošík.
Pan Jarošík bydlí ve vesničce Ujezdec. Z domku to měl do bunkru přes kopec, po loukách a přes les asi půl hodiny. Zajímalo nás, jak žil a žije. Dříve pracoval v Klatovských energetických závodech. Vyučený
30 není, dělal přidavače zedníkům. Kdy začal stavět bunkr, přesně neví. Stavěl ho bez nákresu, jen tak z hlavy. Dnes je zemědělec, pěstuje obilí, které prodává, část vymění za jiné produkty. Žije skromně se svou matkou v malém domečku. Třiaosmdesátiletá matka nic o bunkru neví. Padesátiletý kluk má strach, aby se to jeho matka nedozvěděla.
– Chcete žít uprostřed přírody. Jen kvůli klidu?
35 – Já čerpám energii z volnosti, kterou mně příroda dává.
– Nemyslíte občas na to, že nemáte ženu a děti? Není vám to líto?
– Beru život tak, jak je. V přírodě je to také tak. Buď jste, a nebo nejste. Silnější chytne slabšího. Nestavím se proti osudu. Věděl jsem, že až příjde padesátka, tak se něco stane. A vidíte, stalo se.
– Čím jste chtěl být, když jste vycházel ze školy?
40 – Návrhářem nebo konstruktérem.
Pozemek, na kterém vystavěl bunkr, je privátní, patří panu Václavu Jindrovi. Tomu ten bunkr nevadí, ale měl strach, že by tam mohli přespávat bezdomovci[2], nebo by tam mohlo spadnout dítě. A tak poprosil pana Jarošíka, aby bunkr zasypal. Pan Jarošík řekl, že to udělá. Poradili jsme panu Jarošíkovi, aby před zasypáním bunkru dal dovnitř vodotěsnou[3] krabici se všemi novinovými články o bunkru.
45 – Až to lidé za dvě stě let objeví, budou se divit.
– Za dvě stě let? Co když za tisíc nebo dva? – řekl na rozloučenou.

(Reflex, 17/1994)

---

[1] lamželezo – lámat železo, být silný; [2] bezdomovec – bez domova; [3] vodotěsný – uzavřený tak, aby tam nevnikla voda

1 Otázky

1. Was für ein Mensch ist Herr Jarošík? Beschreiben Sie ihn.
2. Warum hat Herr Jarošík den Bunker gebaut?
3. Was denken Sie über den Bau eines Bunkers? Ist ein Bunker bei atomarer Strahlung sinnvoll?

2 Dejte do přítomného času (Gegenwart/Präsens)

1. Žurnalisté _____ (hledat) na mapě vesnici Ujezdec.
2. Pan Jarošík _____ (stát) před bunkrem a _____

   _____ (ukazovat) nám vchod.
3. Policisté _____ (nerozumět), co jim pan Jarošík říká.
4. Pan Jarošík _____ (chodit) každý den půl hodiny pěšky ke

   svému bunkru.
5. _____ (Čekat) od života jen klid.
6. Pan Jarošík _____ (zasypat) bunkr.
7. Padesátiletý kluk _____ (mít) strach před svou matkou.
8. _____ (Radit) panu Jarošíkovi, ať _____

   (zasypat) bunkr.

3 Dělat nebo udělat?

1. Žurnalisté _____ (znát/poznát) pan Jarošíka už dlouho.
2. Myslivci _____ (objevit/objevovat) bunkr jako první.
3. Co _____ (dělat/udělat) pan Jarošík dříve?
4. O prázdninách jsem byla blízko Vrhavce a šla jsem se _____

   (dívat/podívat) na bunkr.
5. Vchod do bunkru byl malý, bylo těžké _____ (dostat se/dostávat se)

   do bunkru.
6. Do bunkru _____ (sypat/nasypat) písek a kameny.
7. Žurnalisté měli po reportáži hlad. Koupili si pět housek a pět piv. Všechny housky

   _____ (jíst/sníst) a _____ (pít/vypít) tři

   piva.
8. Potom _____ (vydat se/vydávat se) s dobrou reportáží domů.
9. Příští den si čtenáři _____ (číst/přečíst) vše o bunkru v novinách.

4 Dejte do správných pádů (Fall/Kasus)

1. Budu na tebe čekat před _____ (tvůj dům), pojedeme se podívat na _____ (bunkr).

2. Auto zastavilo vedle _____ (tři autobusy).

3. Pan Jarošík se narodil v _____ (tenhle malý domek).

4. Pan Jarošík stojí tamhle u _____ (ten velký strom).

5. Vchod do bunkru byl schovaný v _____ (křoví) nad _____ _____ (obec Vrhavec).

6. Z _____ (domek) do _____ (bunkr) to měl půl hodiny pěšky.

7. Čerpá energii z _____ (příroda).

8. Bunkr stavěl z _____ (hlava) bez _____ (plán).

9. Pan Jarošík nechce bydlet ve _____ (město), ale v _____ (příroda).

10. U _____ (bunkr) stojí policisté.

11. Dostal strach z _____ (atomová válka).

12. Pan Jarošík má strach z _____ (matka).

13. Policisté byli k _____ (pan Jarošík) hodní.

14. O _____ (stavitel) bunkru psaly všechny noviny.

5 Doplňte v jednotném i množném čísle

	nominativ	*jednotné číslo*	*množné číslo*
1. Vraceli se z ...	(obchod)	obchodu.	obchodů.
	(les)	_____	_____
	(výstava)	_____	_____
	(park)	_____	_____
	(hospoda)	_____	_____
	(škola)	_____	_____
2. Setkali se s(e)	(student)	_____	_____
	(lékař)	_____	_____
	(profesor)	_____	_____
	(prodavačka)	_____	_____
	(herečka)	_____	_____
	(sestřenice)	_____	_____

3. Přišli jsme k (rybník) _____ _____

(vesnice) _____ _____

(dům) _____ _____

(hrad) _____ _____

(pole) _____ _____

(hora) _____ _____

6 Atomová energie

1. Erinnern Sie sich noch an den Atomunfall in Tschernobyl? Wie reagierten Sie, als Sie die Nachricht hörten?
2. Wurden Sie Ihrer Meinung nach von den Behörden rechtzeitig und umfassend informiert? Begründen Sie Ihre Einschätzung.
3. Sind wir heute besser auf eine solche Situation vorbereitet? Warum?/Warum nicht?
4. Beunruhigt Sie ein Störfall in einem Atomkraftwerk Ihrer Nachbarländer? Warum?/Warum nicht?
5. Wie stehen Sie zum Thema Atomenergie? Nennen sie je drei Gründe pro und contra Atomenergie.

7 Informace

In Presse und Medien lesen und hören Sie fast täglich Informationen über Ozonwerte, Luftverschmutzung und Trinkwasserqualität.

	Norma	Želivka	Káraný	Podolí
oxidovatelnost mg O₂/l	3	1,8	0,8	2,2
amoniak a amonné ionty mg/l	0,5	0,07	0	0,16
dusičnany mg/l	50	24,8	20,4	16,9
chloridy mg/l	100	28,4	22,6	26,0
železo mg/l	0,3	0,03	0	0,06
hliník mg/l	0,3	0,03	0	0
KOLIFORMNÍ BAKTÉRIE (100 m) za uplynulé období	0	0	0	0—7

1. Verändert sich Ihrer Meinung nach etwas durch diese Informationen?
2. Wie gehen Sie mit diesen Werten um? Beeinflussen sie Ihren Alltag oder ignorieren Sie sie?

11   Aby Praha byla živým městem

Následník britského trůnu princ waleský byl hostem na Pražském hradě. Nevšední zážitek se naskytl v sobotu turistům, kteří v odpoledních hodinách navštívili jižní zahrady Pražského hradu. Ono také potkat na procházce českého prezidenta Václava Havla a britského prince Charlese se nestane každý den. Není proto divu, že jejich fotoaparáty bleskově cvakaly. Princ Charles se zajímal o historii této letos nově
5 otevřené části hradního areálu. Velmi se mu líbil pohled na malostranské střechy a Staré Město pražské. Pochvalil plán památkářů spojit všechny hradní zahrady v jeden celek.

Následník britského trůnu princ Charles přiletěl do Prahy, aby se zúčastnil benefičních akcí, pořádaných Pražským památkovým fondem. Ten založili princ Charles a prezident Havel v roce 1992. Jeho cílem je získat podporu na obnovu pražských památek. Během veřejné diskuze fondu princ Charles navrhl vy-
10 tvoření sítě podnikatelů, která by koordinovala jejich sponzorskou činnost. Dodal, že tato podpora je nutná, protože je těžké přemluvit lidi, aby investovali do kultury.

Britská ministryně pro rozvoj zámoří Linda Chalkerová poznamenala, že je nutné myslet na zlepšování kvality života v Praze, aby toto město zůstalo živé. Paní Chalkerová se také kriticky zmínila o enormním turistickém ruchu v Praze. Na závěr besedy pak princ Charles obdržel čestnou medaili Europa Nostra.
15 (Europa Nostra je skupina 200 nevládních organizací z 28 evropských zemí se zaměřením na konzerva- ci a ochranu kulturního a přírodního bohatství).

Sobotní benefiční akce vyvrcholila slavnostním koncertem Symfonického orchestru hlavního města Prahy FOK s dirigentem Georgem Soltinem. Vystoupily světoznámé sopranistky Kiri Te Kanawa a Gabriela Beňáčková. Koncert byl promítán na obří ploše, instalované na Staroměstském náměstí, a tak
20 byl přístupný všem Pražanům. Orchestr se zřekl honoráře ve prospěch fondu.

(Svobodné slovo, 7.6.1994)

1   Sbírky na dobročinné účely

Sie kennen das, es ist Weihnachten und alle Organisationen rufen zu Spenden auf, für heimatlose Tiere, Kinder in Indien, Schwerbehinderte usw.

1. Wie stehen Sie zu Spendenaktionen?
2. Nehmen Sie Stellung:

„Viele Leute spenden, um ihr Gewissen zu beruhigen.“

„Es ist einfacher zu spenden, als sich um Behinderte, Alte oder Kranke zu kümmern.“

„Ich spende nicht, weil ich nicht weiß, wohin das Geld verschwindet.“

„Warum soll ich für Kinder in Indien spen- den, wenn in meiner Heimat Menschen auf der Straße leben und hungern müssen.“

„Ohne Spenden könnten viele Menschen nicht überleben.“

Lesen Sie den Zeitungsartikel über eine Frau, die eine Spende wirklich nötig hat.

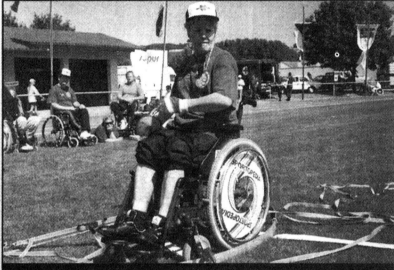

Statečná žena
reprezentuje vlast

Invalidní sportovkyně Martina Navrátilová (47) z Břeclavi se poctivě připravuje na Mistrovství světa. K tomu, aby její dlouholetá dřina byla korunována špičkovým umístěním, potřebuje speciální invalidní vozík „formulku". Musel by se však najít štědrý sponzor…
Foto pro BLESK - Gábina Navrátilová

Martině Navrátilové (47) z Břeclavi, matce dvou dětí, se celý život sesypal před deseti lety po tragické autohavárii. Když se probudila z bezvědomí, zjistila, že je ochrnutá. Díky obrovské vůli a každodennímu posilování, začala zase žít. Žít tak, aby se nakonec stala velkou nadějí České republiky na Mistrovství světa v lehké atletice tělesně postižených sportovců. „Chci naši vlast reprezentovat co nejdůstojněji, ale bez speciálního vozíku „formulky" to bude velmi těžké," posteskla si statečná žena, která v koutku duše doufá v pomoc sponzorů.

„Nikdy na něj nebudu mít. Stojí totiž 60 000 korun. Mám invalidní důchod 2500 Kč měsíčně a polovinu z této částky dám na nájem." Paní Navrátilová ale nechce, aby její slova vyzněla jako naříkání. Ví, že na zářijovém světovém šampionátu v Německu se technickým vybavením nemůže soupeřům rovnat. O to více trénuje. Břeclavané ji potkávají, jak na invalid-

ním vozíku soupeří se svým synem jedoucím na kole. Denně trénuje - sto hodů diskem, koulí nebo oštěpem. „V oštěpu mám rekord 11,94 metrů. Zdravý člověk se nad tímto výkonem asi pousměje, ale pro mne znamenal mnoho," komentuje svůj osobní rekord. Výkon je o to cennější, že byl uskutečněn v kategorii kvadra, tedy nejtěžšího postižení rukou a nohou. „Od krku dolů jsem ochrnutá. V prvních chvílích jsem chtěla se vším skončit. Manžel mě opustil, ale pomohly mi hlavně děti i lékaři s rehabilitačními sestrami. " Hájit Českou republiku na mistrovství světa považuje paní Navrátilová za velkou čest. Až bude na šampionátu hájit naše národní barvy, málokdo bude vědět, jaké překážky musela tato žena na své cestě překonat. Nyní už jí ve sportu chybí jediné - speciální vozík zvaný „formulka".

Radek Bartoníček

12 Zástavárna

O zástavárnách psal Neruda, Hermann i Kisch. Vanula z nich lidská bída. Ještě nedávno jimi strašil bolševik děti ve škole v hodinách občanské výchovy. Doba se změnila a jsou tu zase. Nic nového pod sluncem. Nebo přece? Interiér dvou propojených místností voní vším možným, jen né lidskou bídou. Kroky tu tlumí koberce a návštěvník si může prohlédnout krásný chromovaný kancelářský nábytek,
5 s faxem, telefonem a computrem. Jsme v zástavárně v Kafkově ulici v Praze. Je to zástavárna de luxe.
„Dolní hranice zastavovaného zboží je 10.000 Kč. Horní hranice není stanovená. Zastavujeme auta, ale od Favoritu výš, domy, vily, pozemky, šperky, drahou elektroniku. Maximálně na měsíc. Vyplácíme nejvýš dvě třetiny reálné tržní ceny. Do deseti dnů účtujeme 10%, do měsíce 15%.“
„Je to hodně?“
10 „Zákazníků je dost. V těch procentech je naše riziko, že propadlou věc neprodáme, i naše režie, protože za zastavená auta platíme drahé garáže a samozřejmě odborné odhadce. Pozemky a parcely kdekoliv v Čechách chceme vidět vždy na vlastní oči.“
Pro polovinu zastavených věcí si jejich majitelé nepřijdou. Hodně klientů tato zástavárna odmítá. Nepřijali například do zástavy malou továrnu kousek od Prahy. Ne, že by se majitelé zástavárny lekli tří
15 milionů. Ale ... něco prostě nehrálo. Služeb této zástavárny používají hlavně podnikatelé. Možná, že vám není jasné, proč zastaví auto za 200.000 Kč. Když si pro ně do měsíce přijdou, musí vedle těch 200.000 zaplatit ještě 30.000 navíc. Banka je určitě levnější. Odpověď je prostá. Potřebují peníze teď hned. Jsou také zástavárny pro ‚všechny‘. Student má možnost vyjet si s dívkou na víkend do hor. Konečně sami! Ale v peněžence nemá žádné peníze. Co teď? Milovník zastaví svůj notebook v zástavárně. Ví, že
20 příští víkend pojede domů a dostane apanáž. Nešťastná důchodkyně má penzi rozpočítanou na dny a málem i na korunu. Na nečekané vydání, opravu televize, už nezbývá. A tak už po kolikáté bere do ruky gravírované hodinky po manželovi. Vždycky si pro ně v termínu přišla a vyzvedla si je nazpět. Rozvedená matka přináší stříbrný náramek. Přichází vždycky, když otec dětí ‚zapomene‘ poslat alimenty. Je tu často. Na rozdíl od studenta a penzistky už nikdy zastavenou věc nevyplatí.
25 Zástavárník musí být dobrým psychologem, aby odhadl klienta i zboží, jestli není ‚horké‘, tedy kradené. Jinak riskuje svoje peníze.

(Reflex, 47/1994)

1 Co si myslíte?

1. Was tun Sie, wenn Sie dringend Geld brauchen?
2. Waren Sie schon einmal in einem Pfandhaus?
3. Sind Pfandhäuser Ihrer Meinung nach heutzutage noch nötig?
4. Warum bevorzugen die Menschen heute eher eine Bank, wenn Sie Geld brauchen?
5. Können Sie sich Ereignisse vorstellen, die dazu führen, daß Sie auf der Straße leben müssen?
6. Warum gibt es Ihrer Ansicht nach in Deutschland immer mehr Menschen ohne Wohnung?

13 *Reklama*

Já vím, v číslech Reflexu, co teď právě čtete, je spousta inzerce, nebo taky reklamy, jak se běžně říká, občas si na to stěžujete v dopisech a říkáte, proč strkáme do časopisu tolik těch reklam . . . A že se kdysi Reflex obešel bez nich ♦ Asi jste už někdy měli v ruce nějaké cizí časopisy, nebo si je dokonce dost pravidelně čtete, protože jste lidé vzdělaní a umíte nějaké ty cizí jazyky. Otevřete třeba Stern od sousedů z Německa a vidíte, že má, dejme tomu, dvě stě stránek a celá stovka stran je reklama. Pak sklouznete pohledem na cenu a zjistíte, že Stern stojí pouhopouhé čtyři marky. Asi tolik co v nóblejší mnichovské hospodě jedno pivo. Může vás napadnout, že Stern na dobrém papíru a se spoustou obrázků by se za čtyři marky bez reklam vůbec udělat nedal. A že je takový, jaký je, právě proto, že do něj inzerenti vrážejí peníze. Platí mu za zveřejnění reklamy. A právě proto může Stern stát jenom ty čtyři DM. Bez inzerce by to určitě bylo mnohem víc. Inzerci dostává proto, že je dobrý, čtený a má v Německu vysokou prestiž. Je to cosi jako kruh. Koloběh novinařiny a financí . . . ♦ Vezměte si, kolik stál Reflex na jaře jedenadevadesát a kolik stojí dnes. Deset korun. Pořád stejně. Navíc má papír dvakrát dražší než ten, na kterém vycházel ještě donedávna. A je celý barevný. Skoro všechny ceny šly mezitím nahoru, ale Reflex si tu svou udržel. Protože má reklamu. Bez inzerce by stál mnohem víc. Inzerci má proto, že . . . a tak dál ♦ Dostali jsme dokonce i dopisy, kde si pisatelé stěžovali, že máme na inzertních stránkách skotskou whisky, byla to myslím značka Seagram's, a mluvili o nebezpečné propagaci alkoholu . . . Nevím, nakolik to může zvednout opilství v Čechách. Ale pamatuji na velké časy země Sovětů, kde žádná reklama na whisky ani na koňak či vodku nebyla, a přece se tam chlastalo tak jako nikde. Navíc – sklenku whisky vám mohou doporučit i lékaři, když máte, dejme tomu, nízký krevní tlak ♦ Nezlobte se na inzerci, prosím vás. Neměli byste bez ní Reflex. Anebo by byl tak drahý, že byste po něm nesáhli. Což je vlastně jedno a to samé.

EKLAMA

ZDENĚK ČECH

(Reflex, 48/1993)

1 Otázky

1. Proč musí být reklamy v novinách a časopisech?
2. Co by se stalo, kdyby Reflex neměl reklamy?
3. Vadí vám reklamy v novinách a časopisech?

2 Reklama v tisku

1. Jakou informaci nám dává tato reklama?
2. Je to lákavá reklama?
3. Je to dobře nebo špatně udělaná reklama? Proč?

3 Reklama a Vy

1. Können Sie sich ein Leben ohne Reklame vorstellen? Welche Vor- oder Nachteile hätte es für Sie?
2. Wie stehen Sie zur Reklame im privaten Fernsehen?
3. Wirkt Reklame auf Sie? Probieren Sie Produkte aus, die Sie durch Reklame kennengelernt haben?
4. Wie beurteilen Sie die Qualität einer Reklame? Sind Sie für „gute" Reklame empfänglich? Warum?/Warum nicht?
5. Welche Rolle spielt Musik in der Reklame?
6. „Die beste Reklame ist die Mund-zu-Mund-Propaganda." Stimmt das? Begründen Sie Ihre Einschätzung.
7. Ihnen begegnet an vielen Stellen Reklame für Alkohol und Zigaretten. Nennen Sie fünf Argumente für und gegen diese Reklame. Diskutieren Sie dieses Thema mit Ihren Mitschülern/Mitschülerinnen.

14 Slováci v Čechách

Ze dne na den se stali Slováci národnostní menšinou. Aby nebyli cizinci v zemi, kde dlouhá léta žijí, zvolili si při rozpadu Československa české státní občanství. Ale Čechy nejsou a ani nemohou být, protože jsou Slováky. Jaká je budoucnost slovenské menšiny v Čechách?

Oba jazyky jsou si tak blízké, že mnohým připadá, že není důvodu k zachování slovenštiny. Slováci v
5   Čechách netvoří klasickou národnostní menšinu a neobývali nikdy pevná území jako například Poláci a Němci. Slováci zde žijí krátce. Většina jich přišla během posledních 40 let. Řada z nich žije ve smíšených česko-slovenských manželstvích. V Čechách mají práci, známé a kontakty. Jejich návrat na Slovensko by dnes už byl možná návrat do neznáma. Když přicházeli, nevěděli, že se budou muset jednou rozhodnout pro české občanství. Jeden ze Slováku vypráví, jak přijel do Prahy studovat v roce
10 1967. „Tenkrát byli Slováci pro Čechy děti přírody, exoti, dobří lidé ze slovenských hor. Po roce 1968, kdy byla vyhlášena federace, bylo všechno jiné. Slovenští úředníci přicházeli na pražská ministerstva ve stejné době, kdy odtud byli Češi vyhazováni v rámci normalizace. Přišli jich desetitisíce, úředníci, kopáči metra, stavitelé apod. Říkalo se o nich, že mají jedinou kvalifikaci ‚S‘ jako Slovák. Trvalo to dvacet let, než se Češi a Slováci spřátelili. Koncem osmdesátých let byl vztah Čechů a
15 Slováků normální. Byli to jen lidé, kteří mluvili trochu jiným jazykem.“

Všechno se změnilo po roce 1989. Mnozí Slováci si stěžují, že v Čechách nedostanou slovenský tisk a že skoro zmizely slovenské pořady v rádiu a televizi. V Čechách neexistuje žádná základní škola s vyučovacím slovenským jazykem. V Čechách a na Moravě existují různé slovenské organizace. Členové těchto organizací se scházejí jednou za měsíc ve ‚Foru slovenských aktivit‘, kam každá slovenská
20 organizace vysílá dva-tři členy. Tři zástupci ‚Fora‘ zastupují slovenskou menšinu při jednáních Rady pro národnostní menšiny při vládě České republiky.

Jaké je to být Slovákem v Čechách? Zde je několik odpovědí:

„Nepotřebuji na tuto otázku odpovědět. Důležité je pro mě to, co dělám, má práce. Nehlásím se ani ke Slovákům ani k Čechům, protože ani k jedněm nepatřím. Pocházím ze Slovenska. Někde se člověk
25 narodí, ale žije tam, kde je mu dobře.“

„Špatně. Jednoho rána jsem se probudil a zjistil jsem, že jsem menšina. Ztráta slovenského občanství mě velmi deprimovala. Vzdal jsem se své totožnosti, která byla v geografickém i historickém smyslu československá.“

„Jsem ráda, že teď jako Slovenka nemusím začínat. Naštěstí umím dobře česky. Většina Čechů říká:
30 Byli jsme na Slováky hodní, a oni nám to zle odplatili. Už o nich nechceme ani slyšet. Proto dnes žádná debata o slovenské otázce není.“

„Za totality jsem si často říkal, že mě bolševik nikdy nedonutí, abych emigroval. A vydržel jsem. Moje dvě sestry odešly do zahraničí. Teď se mohou vrátit, a já jsem na Slovensku cizincem. Od rozdělení státu se mi zdá, že vztahy mezi Čechy a Slováky jsou mnohem lepší než dříve. Možná, že si vnuci
35 nebo vnučky dnešních českých Slováků jednou vzpomenou, že jejich babička nebo dědeček přišli ze Slovenska a začnou se zase vracet ke svým kořenům.“

1 Otázky

1. Jaká byla situace v Československu po roce 1968 (rozhlas, televize, noviny, školy)?
2. Jak se situace změnila po roce 1989?
3. Z jakých důvodů se Slováci rozhodli odejít ze Slovenska do Čech?
4. Proč se někteří Slováci rozhodli zůstat v České republice? Za jakých podmínek?
5. Jaký úkol má Forum slovenských aktivit?
6. Jak se daří Slovákům v Čechách?
7. Jaké národnostní menšiny žijí ve vaší zemi?
8. Jaká mají práva a povinnosti?
9. Jakou možnost mají národnostní menšiny u vás zachovat si svou řeč a kulturu?

2 Dvojí státní občanství

1. Viele ausländische Mitbürger/innen leben schon seit Jahrzehnten in Ihrem Land. Sind sie nach so vielen Jahren immer noch Tschechen, Italiener, Türken, ...?
2. Stellen Sie sich vor, Sie leben seit vielen Jahren in einem anderen Land.
   Würde sich für Sie etwas ändern, wenn Sie die doppelte Staatsbürgerschaft hätten?
   Warum?/Warum nicht?
3. Können Sie sich vorstellen, in einem anderen Land zu leben? Nennen Sie drei Gründe dafür und dagegen.

Schlüssel zu den Übungen

1

2

1. Brna, Prahy, 2. jídelním voze, 3. mužem, železnici, 4. měsícem, přítelkyni, Vídně, 5. první lokomotivě, 6. vlaku, Brna, 7.vlakem, okna, 8. nádražím, synem, 9. městě, venkově, 10. Věry

3

1. Viděl(a) jsem, že na jídelním lístku měli kuře. 2. Jeli jste na nádraží nebo jste šli pěšky? 3. Vlak jel velmi pomalu. 4. Rád(a) jsem cestoval(a) vlakem. 5. Seděli jsme celou cestu v jídelním voze. 6. Měl(a) jsem doma velkou sbírku modelů. 7. Byli jsme na hranicích, museli jsme vystoupit. 8. Na nádraží na mě čekala moje přítelkyně.

2

2

1. na, 2. na, 3. z, s, 4. ke, 5. před, 6. na, 7. k, 8. do, 9. na, na

3

1. staré, 2. moravská, 3. velký, 4. teplem, 5. zlého, 6. chudý, 7. vysoký, 8. obrovské, 9. mrtvého, 10. staré, velkou

4

1. znám, 2. vím, 3. uměl, 4. víš (víte), 5. zná, 6. umíš, 7. víš (víte)

6

1. vyplnit-přihlášku, 2. složit-operu, 3. navštívit-sestřenici, 4. vybrat-dárek, 5. přeložit-knihu, 6. založit-universitu, 7. napsat-dopis, 8. zavřít-okno, 9. koupit-potraviny

3

1

1. venkovského, 2. panství, 3. dceru, 4. láska, 5. bezhlavou, 6. kupcem, 7. sťal, 8. útěk, 9. rohu, 10. ženicha, 11. kláštera, 12. bloudí // V Praze straší.

2

1. obešla, 2. přešel, 3. vyšli, 4. odvést, 5. vystoupila, 6. předešli, 7. zapadne

3

Týnského, Starém, bohatá, pilná, hodná, pobožná, Týnského, zlá, bohatá, nešťastné, špatné, nový, Týnského chrámu, špatné, zlou, Týnské, vlastníma, velkého

7

chrámu, legend, obraze, práci, kostela, jezuitu, kapsy, podobu, obrazem, jednomu, druhému, knězů, rukou, sloupem, nás, druha, obraze, Prahy, chrámu svatého Mikuláše

4

2

1. hledají, 2. nerozumí, 3. stojí, čeká, 4. pochoduje, 5. pracuje, 6. vychází, zapadá, 7. chodí

3

1. vesele, 2. smutně, 3. často, 4. nutně, 5. lehce, těžce, 6. horko, 7. hluboko, 8. japonsky, 9. pozorně

4

1. kdy, 2. když, 3. když, 4. kdy, 5. kdy, 6. když, 7. když, 8. kdy, 9. když, když

5

úterý, středa, čtvrtek, pátek, sobota, neděle // únor, březen, duben, květen, červen, červenec, srpen, září, říjen, listopad, prosinec // léto, podzim, zima

5

2

nosy, nohy, krky, uši, ruce, oči

3

1. od, 2. ze, 3. od, 4. z, 5. z // 1. do, 2. na, 3. do, 4. do, 5. na // 1. v, na, 2. u, 3. v, 4. na, 5. u

4

5 jablek / 7 housek, 2 sýry, 5 litrů mléka / 4 vejce / 3 lahve bílého vína a 6 piv

6

1. do, 2. do, na, do, 3. ve, 4. k, 5. před, 6. o, 7. o, na, 8. za, 9. po, přes, 10. skrz, 11. po, na, 12. do, po

6

3

anglický, angličtina, anglicky, Angličanka // Češi, český, česky, čeština // Němka, německou, německy

4

1. našeho ateliéru, 2. filmového archivu, 3. rána, večera, 4. vás, 5. ateliéru, 6. války, 7. kina, 8. německého režiséra

7

3

můj, svého, svého, mého, své (svojí), tvém, tvojí, svého, své (svojí), můj, svou

4

1. tvoje, 2. jejich, 3. tvým, 4. naše, 5. jejich, 6. jeho, 7. jeho, 8. mojí, 9. její, 10. vaším, 11. jejími, 12. vašich

5

1. vaším otcem, 2. vašimi příbuznými, 3. vašeho strýce, 4. tvojí dcery, 5. vašemu strýci, 6. našem psu, 7. mého bratra, 8. tvojí sestrou, 9. naší babičkou, 10. tvými přáteli, 11. moje přátele

6

1. Karlův, 2. Karlově, 3. Karlova, 4. Karlovým, 5. Karlově, 6. Karlovo, 7. Karlově, 8. Karlova, 9. Karlově, 10. Karlovou, Karlovu, 11. Karlova, 12. Karlův, Karlovou

8

3

1. rychlý, rychle, 2. špatně, špatnou, špatně, 3. přesně, přesný, přesně, 4. výborná, výborně, výborný, 5. německá, německy, německá, 6. podobnou, podobně

4

1. můžeš, 2. muset, 3. mohu (můžu), 4. umíš, 5. muset, 6. máš, 7. mohu (můžu), 8. musí, 9. můžeš, 10. musíme, 11. mohu (můžu), 12. mám

5

1. pivovaře, 2. jízdenku, 3. pokladní, 4. hluchý, 5. ředitel, 6. hospodyně, 7. chodců, 8. skladatel

6

1. opera Leoše Janáčka (Janáčkova opera), 2. román Bohumila Hrabala (Hrabalův román), 3. skladba Bedřicha Smetany (Smetanova skladba), 4. pohádky Boženy Němcové, 5. plakát Alfonse Muchy (Muchovy plakáty), 6. báseň Jiřího Wolkera (Wolkerova báseň), 7. menuet Wolfganga Amadea Mozarta (Mozartův menuet), 8. hra Václava Havla (Havlova hra), 9. povídka Jana Nerudy (Nerudova povídka), 10. obraz Mikuláše Alše (Alšův obraz)

9

2

1. jde, 2. chodím, 3. chodím, 4. nejdu, jdu, 5. jdeš (jdete), 6. chodím // 1. jedu, 2. jezdím, 3. jezdím,
4. jet, 5. jedeš // 1. letí, 2. létá, 3. létají, 4. létají, 5. letí, 6. létá

3

1. jejich dvěma dětmi, jejich dvěma psi, 2. hlubokými lesy, zelenými poli a loukami, 3. našimi příbuznými, tetami, bratranci, sestřenicemi, 4. občany Esslingenu, 5. přáteli, 6. dvěma dětmi a dvěma psi, 7. jejich nejlepšími přáteli

4

1. menší, 2. těžší, 3. lépe, 4. větší, největší, 5. nejstarší, 6. nejlepší, 7. nejkrásnější, 8. kratší, 9. vyšší, 10. známější

5

1. a, 2. nebo, 3. ale, 4. proto, aby, 5. že, 6. asi, 7. nebo, 8. ale asi, 9. i, ani

7

1. učit, 2. mluvit, dívat, 3. studovat, 4. psát, mluvit, 5. odpočívat, učit, 6. číst, 7. stát, pracovat, 8. vědět, vidět, 9. pokračovat

10

2

1. hledají, 2. stojí, ukazuje, 3. nerozumí, 4. chodí, 5. čeká, 6. zasypává, 7. má, 8. radíme, zasype

3

1. znali, 2. objevili, 3. dělal, 4. podívat, 5. se dostat, 6. nasypali, 7. snědli, vypili, 8. se vydali, 9. přečetli

4

1. tvým domem, bunkr, 2. tří autobusů, 3. tomhle malém domku, 4. toho velkého stromu, 5. křoví, obcí Vrhavec, 6. domku, bunkru, 7. přírody, 8. hlavy, plánu, 9. městě, přírodě, 10. bunkru, 11. atomové války, 12. matky, 13. panu Jarošíkovi, 14. staviteli

5

1. lesu, lesů / výstavy, výstav / parku, parků / hospody, hospod / školy, škol // 2. studentem, studenty / lékařem, lékaři / profesorem, profesory / prodavačkou, prodavačkami / herečkou, herečkami / sestřenicí, sestřenicemi // 3. rybníku, rybníkům / vesnici, vesnicím / domu, domům / hradu, hradům / poli, polím / hoře, horám